中国区域产业经济协同发展理论与实践

程桂龙　王晋川　都淑婷 / 著

山西出版传媒集团
三晋出版社

图书在版编目（CIP）数据

中国区域产业经济协同发展理论与实践 / 程桂龙，王晋川，都淑婷著. -- 太原：三晋出版社，2023.2
ISBN 978-7-5457-2702-9

Ⅰ.①中… Ⅱ.①程…②王…③都… Ⅲ.①区域经济发展—产业发展—研究—中国 Ⅳ.①F269.27

中国国家版本馆CIP数据核字（2023）第034829号

中国区域产业经济协同发展理论与实践

著　　者：	程桂龙　王晋川　都淑婷
责任编辑：	张　路
出 版 者：	山西出版传媒集团·三晋出版社
地　　址：	太原市建设南路21号
电　　话：	0351-4956036（总编室）
	0351-4922203（印制部）
网　　址：	http://www.sjcbs.cn
经 销 者：	新华书店
承 印 者：	山西基因包装印刷科技股份有限公司
开　　本：	720mm×1020mm　1/16
印　　张：	10.75
字　　数：	150千字
版　　次：	2023年9月　第1版
印　　次：	2023年9月　第1次印刷
书　　号：	ISBN 978-7-5457-2702-9
定　　价：	58.00元

如有印装质量问题，请与本社发行部联系　电话：0351-4922268

前　言

　　产业经济协同发展是区域经济一体化的必然要求,而各个经济区则是推动产业经济发展要素在不同区域间合理流动的重要载体,也是拓展区域市场的关键。自十八大以来,我国产业经济的区域协调与区域发展不断推进。在2021年公布的"十四五"规划中,国家明确提出要继续"推进京津冀协同发展、长江经济带发展、粤港澳大湾区建设、长三角一体化发展,打造创新平台和新增长极"。[①]区域协调与区域发展基本上已经成为推动区域产业经济发展的主要着力点,它相比于某个行政区的产业经济发展而言将更加强调产业经济发展的整体性、系统性和协同性。关于经济区区域产业经济协同发展,一方面,政府层面从国家到地方也就此做了大量的规划,从京津冀到粤港澳大湾区、泛北部湾区、环渤海湾区、成渝西昆菱形(钻石)经济区,我国的区域产业经济协同发展取得了一定的进展,但是协同效果却参差不齐,尤其是与长三角、珠三角经济区相比,很多经济区发展水平还存在较大差距。另一方面,众多专家学者依托各自的学科背景做了大量研究。例如有学者基于区域经济的研究视角,认为我国区域产业经济协同发展普遍存在区域带动力不强、产业辐射能力不足,在区域间存在一定的封闭性和地方壁垒;也有学者从产业经济发展的主体出发,认为区域内部存在明显的

---

① 李文静."十四五"时期中国城市群高质量发展的思路与策略[J].学术研究,2021(1),90.

地方诸侯经济现象，行政因素对产业经济发展布局、结构的过度干预，破坏了市场的主体性效应；还有学者从产业经济发展的区域性出发，认为经济区的产业关联度不强，产业结构的雷同性制约了我国区域产业经济的发展。

整体上来看，学界现有的研究成果主要是对区域产业经济发展协同性不强的原因进行了研究，这有利于丰富我国经济区区域产业经济发展的研究成果。但是，目前学界的研究成果大多是基于产业经济学、区域经济学、地缘经济学等视角，对我国某个经济区区域产业经济协同发展的现状及困境进行的分析，还缺少从协同发展视域上去把握新时期区域经济协同发展的要求和趋势。在传统的地方保护主义观念下，需要反思如何革新区域产业经济协同发展实践中的粗放型、封闭型和地方保护主义等弊端。因此，要针对现有的区域经济协同发展实践，归纳出产业经济协同发展的特点、问题与动力机制，深度挖掘制约我国区域产业经济协同发展的根源，要基于空间距离、行政权力、产业经济结构等分析视角，对我国区域产业经济协同发展的动力机制和路径进行分析探讨。本研究以粤港澳大湾区、泛北部湾区、环渤海湾区、成渝西昆菱形（钻石）经济区的区域产业经济协同发展实践为案例，把区域产业经济协同发展的实践放在具体的案例里，探讨区域产业经济发展的现状与问题、动力机制与优化路径等，从协同发展视角探索行政权力重构、产业经济结构重构、地理空间尺度重组等给我国区域产业经济协同发展带来的影响及优化的方略路径。

本研究基于协同发展的视域对我国区域产业经济协同的现状、动力机制、路径等进行研究，弥合了现有研究着重关注区域产业经济协同发展的个案研究而系统研究不足的研究现实。从理论意义上看，一方面，本研究对粤港澳大湾区、泛北部湾区、环渤海湾区、成渝西昆菱形

(钻石)经济区的产业经济协同发展现状进行了分析,进一步概括出区域产业经济协同发展的运行机制,并尝试构建了我国区域产业经济协同发展的动力机制分析框架,丰富了区域产业经济发展的研究体系。另一方面,本研究梳理了案例中区域产业经济协同发展的问题、困境及成因,从行政、产业结构、区域整合等角度探讨了区域经济协同发展的新路径,这样的研究将会进一步充实我国区域产业经济协同发展的研究成果。从现实意义上看,本研究针对当前我国区域产业经济发展中的问题,通过对产业经济发展的动力机制进行分析,从行政角度、产业经济结构、互联网融合、区域整合等视角,对产业经济协同发展的路径进行了探索。这样的研究为解构当前我国区域产业经济协同发展中存在的地方保护主义、制度沟壑、市场壁垒等难题,提供了新的实践方向。研究选取的案例具有较强的地域代表性,这样的研究也有助于增强区域产业经济协同发展研究成果的适用性,为解决我国区域产业经济协同发展中的普遍问题提供了参考。此外,本研究还对产业经济协同发展中的边界效应进行了探讨,利用协同发展理论、安全与发展理论,在坚持协同发展的视角下,为我国区域产业经济的协同发展进行了有益探索,这既是"先富带后富的内在要求",也是复合区域均衡发展的战略布局。

目 录

第一章 核心概念与理论基础 /1
 第一节 核心概念 /1
 第二节 协同发展理论 /8
 第三节 安全与发展理论 /17

第二章 粤港澳大湾区区域产业经济发展实践分析 /26
 第一节 区域产业经济现状与问题 /26
 第二节 区域产业经济动力机制研究 /36
 第三节 基于宏观治理视域下的区域产业经济发展 /46

第三章 广西北部湾经济区产业经济发展研究 /62
 第一节 广西北部湾经济区产业经济发展现状与问题 /62
 第二节 广西北部湾经济区产业经济发展动力机制研究 /74
 第三节 广西北部湾经济区产业经济发展实践的启示 /77

第四章 环渤海湾区区域产业经济发展实践分析 /79
 第一节 区域产业经济现状与问题 /79
 第二节 区域产业经济动力机制研究 /87
 第三节 基于协同发展视域下的区域产业经济发展 /91

第五章　长江三角洲经济区区域产业经济发展实践分析　/ 97

第一节　区域产业经济现状与问题　/ 97

第二节　区域产业经济动力机制研究　/ 102

第三节　基于宏观治理视域下的区域产业经济发展　/ 105

第六章　成渝西昆菱形(钻石)经济区区域产业经济协同发展实践分析　/ 110

第一节　成渝西昆菱形(钻石)经济区产业经济协同发展的现状与问题　/ 112

第二节　成渝西昆菱形(钻石)经济区产业经济协同发展动力机制研究　/ 121

第三节　协同发展视域下的成渝西昆菱形(钻石)经济区产业经济　/ 135

第七章　区域经济与国家战略发展的启示　/ 142

第一节　边界效应与区域产业经济协同发展　/ 142

第二节　区域产业经济协同发展的政策支持体系　/ 153

参考目录　/ 163

第一章 核心概念与理论基础

改革开放40余年来，我国经济实力和综合国力得到大幅提升。在国家政策引导下，东部地区最先发展起来，逐步形成高速发展的出口导向型经济模式。2008年以来的次贷危机给东部沿海地区经济发展模式带来重大冲击，成为我国区域经济协同发展的重要转折点，经济发展理念与模式不断优化。在中部崛起、西部大开发等政策持续发力，供给侧结构性改革和"加快构建以国内大循环为主体、国内国际双循环相互促进的新发展格局"等布局不断推进的前提下，区域经济呈现出多点发力，协同推进的局面。加强区域经济协同发展，需要在宏观架构指导的前提下对其相关理念、核心概念等做必要的界定与区分，以为区域产业经济协同发展提供理论支持。

第一节 核心概念

区域协同发展是公共管理的重要议题。现阶段区域协同发展已经成为带动区域经济发展与地区生产力解放的重要发力点，厘清区域、产业经济、协同发展的概念内涵、范围构成以及未来发展趋势与走向对促进经济转型，实现经济高质量发展具有重要指引意义。

一、区域

区域是一个内涵和外延十分丰富的概念,最早出现在地理学科中,语出《周礼·地官·序官》"廛人",汉郑玄注:"廛,民居区域之称。"最直观的解释是地域与地区范围或地域空间。既涉及自然因素形成的地理区域,如华北区域、华东区域、华中区域等地域划分,也包括社会因素形成的行政区域,如不同的省份划分等。还可以根据经济特点、语言环境、法律环境、风俗习惯、文化差异等聚类属性的不同划分为经济区域、文化区域、民族区域、军事区域等不同类别。从学科分类来说,地理学把区域看作一个个有相同或相异特性的地理单元,经济学上把区域看作相对独立的经济单元,政治学上则把区域看作国家实施行政管理的行政单元。美国著名区域经济学家埃德加·M·胡佛认为"区域是基于描述、分析、管理、计划或制定政策等目的而作为应用性整体加以考虑的一片地区,而所有的定义都把区域概括为一个整体的地理范畴,因而可以从整体上对其进行分析"。[1]

改革开放以来,伴随着市场经济体制的改革,我国区域经济得到飞速发展。20世纪80年代,我国最早在东部沿海地区设置了一批经济特区和沿海开放城市。1980年中共中央和国务院在深圳、珠海、汕头、厦门建立经济特区,1984年大连、秦皇岛、天津、烟台、青岛、连云港、南通、上海、宁波、温州、福州、广州、湛江、北海14个城市被国务院批准为全国第一批对外开放城市,依靠沿海港口的地理位置优势进行对外开放与发展,逐步兴办经济技术开发区。1985年,长江三角洲、珠江三角洲和闽南金三角被开辟为沿海经济开放区,我国的经济区域建设逐步拉开序幕。之后经济区域建设不断扩展到沿海其他地区和部分内陆地区,区域经济发展如火如荼,不断衍生出长三角经济区、珠三角经济区、京津冀经济区、成渝经济区、北部湾经济区等具有地域集聚优势的特色经济区,为国家区域经济发展与区域建设提供了重要的规划保障与政策

---
[1] 马海龙.区域治理体系构建研究[J].北方经济,2009(6),37.

指引。国外关于区域的界定也较为丰富,也有不少以经贸合作、政治合作、安全合作等各方面为主题的区域组织,如欧洲联盟、东南亚国家联盟、非洲联盟、阿拉伯国家联盟等具有区域性政治、经济功能的国际组织,以及亚太经济合作组织、上海合作组织、北美自由贸易区等具有鲜明经济组织特征的区域性经济组织,这些组织一般都带有明显的区域特征,成员国也多为地缘位置相近的国家,方便地区政治、经济交流与合作。

二、产业经济

区域产业经济发展涉及区域经济学中的产业问题和产业经济学中的区域问题。根据刘秉镰、杜传忠的《区域产业经济概论》一书概括,区域产业经济发展具体包括区域产业分工与协同、区域产业集群、区域产业结构、区域产业布局、区域产业转移、区域产业创新、区域产业竞争力、区域产业发展与安全、区域产业政策等诸多方面。产业是经济学的重要研究领域,作为"国民经济的中观组成部分,既是维系宏观与微观经济的桥梁和纽带,又是把握宏观经济活动的重要维度和指标,还是微观经济活动中企业间竞争与合作的平台"。[1]产业有广义和狭义之分,从广义上看,产业包括国民经济的各行各业,从生产流通到文化教育的各个部门及行业都可以称之为产业。由于工业在国民经济发展中占据重要地位,狭义上的产业主要指工业部门。产业经济学中的产业涉及的部门及行业较多,因此一般意义上讨论的产业主要指广义上的产业,也即国民经济中的各个行业。

根据产业在产业经济学中的位置,可以将其划分为三个层次:第一层次是以同一商品市场为单位划分的产业,即产业组织;第二层次是以技术和工艺的相似性为根据划分的产业,即产业联系;第三层次是大致以经济活动的阶段为根据,将国民经济划分为若干大部分所形成的产

---

[1] 赵秀丽,纪红丽. 产业经济理论的回顾与发展——基于网络的视角[J]. 税务与经济,2011(2),12.

业,即产业结构。①国内外关于产业经济的研究主要集中为两大理论流派,一派是以产业组织理论为核心的"窄派",该派别把产业组织理论等同于产业经济学,这一流派在西方产业经济理论界占大多数。另一派是以产业经济理论为核心的"宽派",这一派别囊括产业政策、产业结构、产业布局、产业关系等各要素,以中国和日本为代表。②我国产业经济的相关研究最早受苏联影响,改革开放后才逐渐形成研究群体。20世纪80年代,我国的产业经济理论主要以引进和介绍国外相关研究及经验为主,早期受日本影响较多,同西方存在较大差异。之后在博弈论、网络方法、产业融合、双边市场理论等的不断丰富完善下,我国产业经济研究逐步深入。

产业经济发展并不单指单一经济产业或经济形态的发展,在到达一定程度之后就会涉及产业结构的问题。区域产业结构是"区域经济中各类产业的构成和诸产业量的比例和质的联系等关系的总和。"③要求区域内部有一致的发展目标,区域间有高度的协调性和统一性。同样的生产要素在不同产业之间会存在较大差别,根据产业结构的不同一般可以划分为主导产业、支柱产业、关联产业、基础性产业、潜导产业等不同类型。区域产业经济发展对国家经济整体发展意义重大,在区域经济不断集聚的基础上逐渐形成产业集群,在集群不断扩充的情况下逐渐强化协调,通过不断相互补充与完善,助推区域经济协调发展与国家经济整体推进。

三、协同发展

"协同"一词来自古希腊语,意为"协调合作之学"。是指"在复杂的大系统内,各子系统的协同行为产生出超越各要素自身的单独作用,从而形成整个系统的统一作用和联合作用"。协同学由德国物理学家赫

---

① 张雪峰. 关于我国产业经济发展趋势的分析[J]. 北方经贸,2010(6),26.
② 赵秀丽,纪红丽. 产业经济理论的回顾与发展——基于网络的视角[J]. 税务与经济,2011(2),12.
③ 谢让志. 关于区域经济的几个理论问题[J]. 环渤海经济瞭望,1999(2),53.

尔曼·哈肯（Hermann Haken）于20世纪70年代创立。主要包括"协同作用、序参量、伺服原理等"[①]组成部分。

从概念来看，协同发展是指"区域之间或同一区域内各经济组分之间协同共生，合力推进大区域经济实现由无序至有序、从初级到高级的动态转变，形成'互惠共生，合作共赢'的内生增长机制，并最终促进大区域高效有序发展的过程"。[②]"区域经济协同发展是较区域经济协调发展更高级的发展模式，区域间和区域内各经济组分逐渐整合为一个区域经济差异合理、区域分工合作效率高的'新型经济区'。"[③]理解协同发展需要厘清其与协调发展之间的关系，认识到协同发展是协调发展演进到一定阶段的必然趋势，二者既相互联系又存在不同层次的差别。

现有关于区域协调发展的理论主要包括"区域经济均衡增长理论、区域经济非均衡增长理论、区域分工与协作理论、区域空间结构理论、资源环境可持续发展理论和公共服务均等化理论"[④]等。一般认为协调发展是不同区域之间相互关联，共同持续发展，且区域之间差距不断缩小的过程。但在某些方面也存在一定的分歧，一种观点认为协调发展主要是不同区域之间经济关系的协调，另一种观点认为协调发展不光指经济协调发展，也包括区域内部各种涉及发展的子系统，包括经济、资源、生态等不同方面。有研究认为，协调发展是指"在开放互通的前提下，在区域整体及各子系统统筹发展的同时，各区际之间的经济发展差距逐步缩小并朝着共同富裕方向努力的一种状态和过程"。[⑤]区域协调发展是一个包含诸多内容的区域协调体系，经济基础决定上层建筑，这其中区域经济发展是区域协调发展的基础，经济之外的其他要素是

[①] 李琳，刘莹. 区域经济协同发展的驱动机制探析[J]. 当代经济研究，2015(5)，68.
[②] 李琳，刘莹. 区域经济协同发展的驱动机制探析[J]. 当代经济研究，2015(5)，67.
[③] 李琳，刘莹. 中国区域经济协同发展的驱动因素——基于哈肯模型的分阶段实证研究[J]. 地理研究，2014(9)，1604.
[④] 袁惊柱. 区域协调发展的研究现状及国外经验启示[J]. 区域经济评论，2018(2)，133.
[⑤] 邓宏兵，曹媛媛. 中国区域协调发展的绩效测度[J]. 区域经济评论，2019(1)，26.

区域协调发展的上层建筑,区域协调发展就是区域内部及区域间关联要素之间相互影响,相互协调的结果。同创新、协调、绿色、开放、共享的"五大发展理念"相匹配,区域协调发展可以使不同区域"经济、政治、文化、社会和生态各方面充分发展"。[①]也有研究重点从系统要素的角度进行了研究,认为协调发展就是"促进有关发展各系统的均衡、协调,充分发挥各要素的优势和潜力,使每个发展要素均满足其他发展要素的要求,发挥整体功能,实现经济社会持续、均衡、健康发展"。[②]

"区域协调发展的最终目的是缩小区域差距,实现区域间均衡发展,具体体现为基本公共服务均等化、基础设施通达程度比较均衡、人民基本生活保障水平大体相当三个方面。"[③]中国于20世纪90年代初明确提出区域发展战略,大体经历了四个发展阶段。第一阶段是1992年至2003年,主要针对西部落后地区和东北地区的振兴问题,于1999年提出西部大开发战略,2003年提出东北老工业基地振兴战略。第二阶段是2004年至2006年,明确提出区域发展总体战略。在这之前区域发展战略呈现的是地区性的分割状态,缺乏连贯性,2004年提出中部崛起战略,这是在西部大开发、东北振兴的基础上提出的,形成了"西部开发、东北振兴、中部崛起、东部率先"[④]的16字方针,全国不同区域协调发展纳入总体架构。第三阶段是2007年至2012年,在前一阶段协调发展的基础上提出了保护生态文明的理念,协调发展的内涵有重大调整,不光关注经济发展,生态效益在区域发展中的重要性得到认识。第四阶段是2013年至今,在前边几个阶段的基础上提升了发展的全局性,强调全方位对外开放,国内国外的协调共同促进区域协调发展。

---

① 李松龄. 新时代区域协调发展战略的路径选择与制度安排[J]. 湖湘论坛,2018(4),125.
② 孙久文. 论新时代区域协调发展战略的发展与创新[J]. 国家行政学院学报,2018(4),110.
③ 张可云. 区域协调发展新机制的内容与创新方向[J]. 区域经济评论,2019(1),6.
④ 张可云. 新时代的中国区域经济新常态与区域协调发展[J]. 国家行政学院学报,2018(3),105—106.

协同发展在一定程度上是协调发展的高阶延伸,其带有协调发展的基本特点,同时又实现了更高层次的系统要素统一。"协同发展要求系统内部各要素之间有统一的发展目标和规划,有高度的协调性和整合度,在相互平等和开放的条件下,共同对外开放,在相互协作、相互促进和功能有机整合中实现整体发展。"[①]协同发展同协调发展的区别主要体现在四个方面:一是协调发展强调系统运动发展变化的过程、状态、结果,协同发展不仅强调过程、状态、结果,更强调他们之间的内在根据;二是协调发展强调相同层次要素之间差距的缩小,协同发展强调系统内部各要素以及不同系统之间的竞争与合作;三是协调发展强调要求之间的同一,协同发展不仅强调这种同一,还强调斗争,强调同一与斗争之间产生的协同效应;四是协调发展强调各要素对目标的服从与贡献,协同发展强调共赢与互惠。二者的联系主要体现为两方面:一是都是系统变化发展规律的体现;二是协同决定协调,协调是协同的体现,没有协同就无法实现协调,同样不进行协调也难以实现更好的协同,二者处在一种辩证统一的关系之中。[②]

实现区域产业经济协同发展要平衡经济发展水平和地区协调程度,实现从低阶阶段向高阶阶段的转变。"从空间和发展格局来看,产业之间、地区之间的经济发展,从来就是不平衡的。产业协同发展就是通过这种不均衡的态势,依托相互之间内部复杂的协同关系进行产业间的互相促进,实现产业共同演化的局面。"[③]从后发国家的发展历程来看,要实现从非常落后到后发赶超的超越需要完成两大重要任务:一是实现经济水平由低到高的转变;二是实现经济发展的相对均衡,避免区域发展差距过大。

[①]刘英基.中国区域经济协同发展的机理、问题及对策分析——基于复杂系统理论的视角[J].理论月刊,2012(3),127.
[②]王力年,滕福星.论区域经济系统协同发展的关键环节及推进原则[J].工业技术经济,2012(2),14.
[③]王兴明.产业发展的协同体系分析——基于集成的观点[J].经济体制改革,2013(5),102.

第二节 协同发展理论

改革开放初期我国根据地理位置差异通过优先发展沿海地区,先富带动后富等非均衡的发展方式,促进了经济发展。东部地区最新发展起来,使中西部同东部沿海地区的差距不断拉大。后来,伴随着中部崛起、西部大开发等政策的推进,东西部发展差距逐渐缩小,进入21世纪特别是党的十八大以来,"一带一路"、京津冀协同发展、长江经济带发展等三大战略,引领区域协调发展。[①]但区域间仍然存在发展差距,"人民日益增长的美好生活需要和不平衡不充分的发展之间的矛盾"与发展过程中呈现出的无序竞争和地区分化问题依然严峻,需要加强区域协同发展,缩小发展差距。

一、协同发展理论的内容

冷战后,经济全球化和区域集团化是两大发展趋势,二者是一对相辅相成的关系。区域化是全球化的前提,全球化是区域化的结果。区域化本身具有排他性,可以实现一定区域内的开放,但对全球范围内的一体化有一定限制,区域化是全球化的必要过程,其内部发展到一定程度后必然会间接促进全球化的拓展。因此,加强区域协同发展是更好地实现区域发展与全球一体化的必要过程。欧盟是早期区域协同发展的典型代表,J·哈贝马斯把欧盟模式视为进取型的第三条道路。此外,亚太经合组织也通过开放和多元化的制度开辟了一条区域协同的新路径。

协同是各个方面密切配合完成共同任务的一种方式。从字面意思来看,协同发展包括三个部分,即"协""同"以及"发展",其中"协"与"同"既是过程也是结果,是一个完整的闭环体系。协同发展是一个动态的过程,根据区域经济发展资源禀赋的差距各地可能会有差异,但其

---

① 王佳宁,罗重谱. 新时代中国区域协调发展战略论纲[J]. 改革,2017(12),53.

最终目的是各区域的共同发展。

协同发展囊括政治、经济、文化、生态等诸多不同领域,本研究主要关注经济领域的协同发展,也即区域产业经济的协同发展问题。从现有研究来看,协同发展的相关成果主要集中于两个大方面:一是区域经济协同发展的基本理论;二是区域经济协同发展各子系统之间的评价指标与体系。从内涵构成来看,"区域经济协同发展是指各不同区域之间以及区域经济组分之间的协同和共生,自成一体形成高效和高度有序化的整合,实现区域与区域之间以及同一区域的经济组分之间'一体化'运作的区域经济发展方式"。[①]

"协同发展具有共生性、有序性、高效性以及动态性四个特征。"[②]其中共生性是协同发展的基础。共生性意味着区域内及区域间互相开放,各要素之间可以互相联系并相互依赖;有序性是协同发展的必备条件。区域内各要素有序运行,可以保证系统配置的资源优化;高效性是协同发展的目的之一。各要素高效运转不仅意味着区域协同水平的提高,也有助于形成内生增长机制;动态性是协同发展的演变特征。各区域的协同水平均遵循"初级—中级—高级"的演变路径,在驱动因素的作用下,"系统从无序走向有序,又从新的无序走向新的有序"。[③]

经济高质量发展,一方面要靠市场配置资源,发挥市场在经济运行中的积极性;另一方面也不能放任市场自身运行不管,必须采取强有力的政府宏观调控措施,进行有效调节,实现有效市场和有为政府的更好衔接。现阶段,我国经济发展与改革已经进入深水区,由高速增长向高质量发展转变,经济发展进入转型期,这就更加需要经济要素与区域之间的协同发展与密切配合。"协同发展强调各系统间以及系统内部各子

---

① 李琳,吴珊. 基于DEA的我国区域经济协同发展水平动态评价与比较[J]. 华东经济管理,2014(1),65.
② 李琳,刘莹. 中国区域经济协同发展的驱动因素——基于哈肯模型的分阶段实证研究[J]. 地理研究,2014(9),1604.
③ 李琳,刘莹. 中国区域经济协同发展的驱动因素——基于哈肯模型的分阶段实证研究[J]. 地理研究,2014(9),1604—1605.

系统间相互协作并有机地整合成有序演变状态,始终保持差异与协同的辩证统一关系,其本质是资源、要素与产业的协同。"①也即需要调节经济发展的各类资源、关键要素与各类产业,使其在一定的循环体系内实现发展的有效衔接。

产业协同发展是协同发展的重要组成部分,从集成的角度来看,产业协同大体可以分为四类,即"产业内跨企业间协同、该产业和其他产业之间的协同即跨产业间协同、产业主体间协同和产业的地理空间区域协同,"②只有实现这四个层面的协同,才能真正实现产业协同。区域产业经济协同重点关注的是第四个层面,也即地理空间的区域协同。地理空间区域协同实现了区域间和区域内协同的有机整合。传统的区域协同更多的是独立关注协同问题,如区域间的产业进行联合,区域内的产业进行相互替换,地理空间的区域协同实现了"产业—空间结构"的转换,更有助于提升区域经济的竞争力。

协同发展是一个范围较为广阔的概念,加强区域间的协同需要开放的社会文化作支撑,使相互关联的区域形成相互依存、相互渗透、共同发展的局面。在这之中政府间合作是影响区域协同发展状况的关键,需要形成切实有效的合作对话机制与公平、公正的市场环境,既要打破行政壁垒,又要在产业链的互补性、融合性,市场要素及政府行为的契合等方面有所突破。

区域协同发展的适应范围比较广泛,已经扩展到政治建设、经济建设、环境保护、城市建设、法治建设等多个领域,在空间上既有国内又有国外,涉及众多不同类型的区域组织,相关研究多以区域整体建设存在的问题及破解对策为主,为国内不同区域协同发展的完善和实践提供了重要参考。区域协同发展从制度框架建构路径进行归纳主要可以分

---

① 李琳,刘莹. 中国区域经济协同发展的驱动因素——基于哈肯模型的分阶段实证研究[J]. 地理研究,2014(9),1605.
② 王兴明. 产业发展的协同体系分析——基于集成的观点[J]. 经济体制改革,2013(5),103.

为三种模式,即"'自上而下'模式、'自下而上'模式和'自上而下'与'自下而上'相结合的模式"。①"自上而下"模式是指由中央政府层面主导,地方政府参与协调执行的模式,如京津冀地区;"自下而上"模式是地方政府在中央统一指导下自发组织,或地方政府努力将区域规划上升到国家支持的方式,如泛珠三角区域;"自上而下"与"自下而上"相结合的模式是指中央政府不直接进入,但间接支持已经发展较为成熟的区域进行协同,如长三角地区。从区域协同模式的效用来看主要体现在四个方面,即"市场分割障碍得到部分清除、区域竞争力不断得到增强、区域合作意识不断深入人心、区域合作制度与机制的建立健全"。②按照区域协同性质的不同可以将其划分为宏观区域协同、次区域协同、中观区域协同、微观区域协同等不同类型。在区域协同过程中逐渐形成区域协同发展体系,形成制衡机制,实现区域协同的权力分配与支配,进而形成多层次、多中心、网络式的区域协同发展体系。

党的十九届四中全会对宏观经济调控做出了重要战略部署,指出要"健全以国家发展规划为战略导向,以财政政策和货币政策为主要手段,就业、产业、投资、消费、区域等政策协同发力的宏观调控制度体系"。经过一段时间的经济实践与发展,特别是经历了新冠肺炎疫情的冲击,国内经济形势和全球经济政治格局与发展状况都发生重大变化。党的十九届五中全会指出"健全以国家发展规划为战略导向,以财政政策和货币政策为主要手段,就业、产业、投资、消费、环保、区域等政策紧密配合,目标优化、分工合理、高效协同的宏观经济治理体系"。两次会议对上述战略部署有一定的表述变化,在就业、产业、投资、消费、区域等领域的基础上增加了环保,说明国家更加重视环保,重视绿色发展;此外协同发力的表述转变为紧密配合,表明国家更加注重经济发展中

---

①程栋,周洪勤,郝寿义.中国区域治理的现代化:理论与实践[J].贵州社会科学,2018(3),127.
②杨道田.新区域主义视野下的中国区域治理:问题与反思[J].当代财经,2010(3),91—92.

各子系统与子要素之间的关联性与协调度。两次会议的表述变化体现出经济发展理念的演进,表明国家经济管控从管理维度逐渐向制度维度转变,层次更加深厚,体系更加健全,方向更加明确。

二、协同发展理论的体系架构

协同发展是诸多理论的集合,囊括"协同学理论、地域分工理论、梯度推移理论、区域经济增长理论、博弈理论、'成长三角'理论、'行政区边缘经济'理论、'总部经济'理论"[1]等诸多理论体系,是指引经济社会发展的重要方式方法与有效路径。

2020年5月18日,中共中央、国务院出台的《中共中央国务院关于新时代加快完善社会主义市场经济体制的意见》,从"构建有效协调的宏观调控新机制、加快建立现代财税制度、强化货币政策、宏观审慎政策和金融监管协调、全面完善科技创新制度和组织体系、完善产业政策和区域政策体系、以一流营商环境建设为牵引持续优化政府服务、构建适应高质量发展要求的社会信用体系和新型监管机制"等八个方面进行了具体建议。十九届五中全会优化了政策目标,指出"长期目标由速度目标转向质量目标、调控范围由点目标放大至区间目标、调控方式从总量调控精细化到结构调控、调控力度由'大水漫灌'式优化至精准调控;明确了各项政策的任务分工:强调了六项子类政策间的交互作用与下一阶段产业政策的核心地位;提升了政策间的协同作用:确保政策间的协调配合与时间一致性,并进一步保证总量调控与结构调控的协调平衡能力"。[2]新发展阶段,我国面临的机遇和挑战不断增多,对构建与新发展阶段相适应的协同发展体系提出了更高的要求。具体来说,现阶段的协同发展体系大体囊括系统体系、指标体系、政策体系、评价体系等几个部分。

---

[1]罗贞礼.边缘区域经济协同发展理论与实践体系研究[J].贵州社会科学,2011(1),75—76.
[2]付一婷,刘金全,刘子玉.论宏观经济调控向宏观经济治理的战略转换[J].经济学家,2021(7),83.

（一）协同发展的系统体系

区域经济协同发展需要经历一个从"初级协同"到"高级协同"转化的过程，实现系统层面的顶层架构与内在分工。在区域经济发展初期，各要素之间都是独立运行的，整个经济系统处于一种盲目的无序自发状态。随着区域经济的持续发展与分工的不断明确，经济体系内的各要素不断关联，形成更加密切的联系，经济发展进入更高阶段，逐渐实现"高级协同"。[1]

"区域经济协同发展的目的是为了有效优化区域经济协同发展体系的整体功能，最终实现区域经济发展的局部最优与整体最优的最佳结合。有效的区域经济协同发展既能够帮助区域各经济部门、经济行为主体实现预期经济发展目标，也有助于增强有效应对经济全球化的区域产业竞争优势。"[2]我国实现经济发展由高速度向高质量转变，既要适应新冠肺炎疫情带来的国际经济衰退的大环境，也要同国内发展阶段相匹配，建立同经济社会发展相适应的系统。一方面，协同发展的系统体系建设要树立全局观念，从大局观考察，避免只集中于一个角度。要统筹协调体系的各个部分，充分吸收借鉴国内外先进经验，不断进行丰富与完善。另一方面，要注意同国家大政方针、发展理念的契合和匹配。坚持按照"创新、协调、绿色、开放、共享"的发展理念，统筹处理好各方面之间的关系。把协同发展作为检验宏观经济效能的重要指标，处理好经济安全与经济发展的关系，做到经济高质量发展与经济结构、发展创新的有机协同。要建立完善的规划生态体系，利用好"五年规划"编制，既要做好国家总体规划，又要做好专项规划、地区规划，实现各方面发展的有效衔接。

---

[1]王力年,滕福星.论区域经济系统协同发展的关键环节及推进原则[J].工业技术经济,2012(2),15.
[2]刘英基.中国区域经济协同发展的机理、问题及对策分析——基于复杂系统理论的视角[J].理论月刊,2012(3),127.

(二)协同发展的指标体系

传统的发展理念主要集中于经济建设与社会财富的关系上,仅关注经济发展本身,而对其中的生态保护、生活环境、生活水平、科技创新等的定位认识不足。现阶段,我国已经逐渐摆脱粗放式的经济发展与管理模式,经济建设向高质量阶段迈进,需要指标体系的升级换代与与时俱进,既需要关注经济发展速度,更需要关注经济发展质量,实现经济发展与社会进步的有机协调。要把经济发展同生态保护相衔接,使经济发展同人民生活需要相协调。要发挥好大数据的技术优势,借助大数据"'搜集数据—量化分析—经验实证—决策优化'的决策新路径,建立宏观经济经验决策和数据决策深度融合的科学决策模式",提升经济协同发展的精准度与时效性。

从协同学的角度来看,区域协同的参量主要包括控制参量和序参量(见表1-1)。"协同学把环境对系统的作用看作引起系统相变的决定性外界因素,系统协同与否直接受到环境对系统的作用,开放系统的环境作用因素取名为控制参量。控制参量包括资源禀赋差异、产业结构梯度、政策差异、外部环境因素;变化较慢的参量即序参量,包括产业的一体化、要素市场的一体化和制度的一体化。"[1]在指标体系建设中注重指标的科学性、合理性,加快对经济转型企业的支持力度,处理好政府和市场的关系,减少政府直接干预,让经济发展更好地适应市场规律,促进企业与产业的更新换代,优胜劣汰,优化提升经济产业结构。

表1-1 区域协同系统的主要协同学参量[2]

参量名称	参量描述
序参量	产业一体化,要素一体化,制度一体化
控制参量	资源分布差异,要素获取差异,产业结构梯度,外部环境因素,政策差异

---

[1]王得新. 我国区域协同发展的协同学分析——兼论京津冀协同发展[J]. 河北经贸大学学报,2016(3),99.
[2]王得新. 我国区域协同发展的协同学分析——兼论京津冀协同发展[J]. 河北经贸大学学报,2016(3),99.

续表

参量名称	参量描述
快变量	高速路总里程,公路、铁路密度,商品贸易量,行政区内部产业一体化,政府合作
慢变量	产业一体化,要素一体化,制度一体化

(三)协同发展的政策体系

政策制度是指导经济运行的重要指标,属于上层建筑的理念架构方面。要根据新时代经济社会发展的新特点,丰富和完善协同发展的政策体系。"区域协同发展是一项综合研究,协同发展论将人们对社会系统、生态系统和经济系统的认识,提升到了一个新的综合性、整体性和系统性认识的高度。"[1]我国区域经济协同发展的顶层设计大体可以概括为'四三三'战略。其中"'四'是指四大板块,即指东北、东部、中部和西部。第一个三是指长三角、环渤海、泛珠三角三个支撑带。第二个三是'一二三号'重点区域工程:一号工程是京津冀协同发展;二号工程指长江流域经济带;三号工程指陆地丝绸之路经济带和海上丝绸之路"。[2]通过"四三三"总体战略布局缩小区域发展差距,促进区域间的合作与互助。

要明确协同发展的目标,完善配套政策体系,使经济社会活动分工明确,政策清晰,支撑完善。在社会范围内形成有序的竞争态势。协同发展机制要适应产业发展的阶段,契合供给侧结构性改革和以国内大循环为主体、国内国际双循环相互促进的新发展格局,提供各种预测管控体系,更好地服务经济社会发展。要做好宏观政策规划同不同部门及区域政策的衔接工作,充分考虑国内政策同国外政策的匹配问题。要适应全球化时代的要求,积极发展外向型经济,开拓国际市场,积极

---

[1] 刘海明,杨健,王灿雄,林强.区域经济协同发展研究进展综述——兼论区域经济协同发展机制建立的必要性[J].中国集体经济,2010(7),89.
[2] 汤梦玲,李仙.世界区域经济协同发展经验及其对中国的启示[J].中国软科学,2016(10),96—97.

主动融入国际体系,在稳定内部发展的同时,进行必要的调试,使经济发展能够更好地吸引外资、技术投入,更好地平衡经济成本、结构与收益。

(四)协同发展的评价体系

考核与评价是检验政策制定落实情况的重要步骤,有利于发现政策漏洞,改善经济社会活动中存在的问题,不断进行优化,提高经济发展效能。"区域经济协同发展的评价标准可以从两个维度来考虑,即区域经济协同发展的表征指标和区域经济协同发展的影响因素指标。前者包括区域经济发展水平和区域经济联系水平两个方面,后者包括区域比较优势度和省际贸易依存度两个方面。"[①]

协同发展评价体系的建立需要一定的绩效考评标准和相应的反馈机制。一方面,要确立明确的奖惩机制。对协同发展中各方面的指标进行具体的奖惩界定,对经济指标、环保指标、科技指标等进行具体赋值,实现经济发展与资源配置的均衡。要对违反绩效评价指标的部分进行适当处罚,提高社会各界的关注与重视程度,维护经济发展质量。要严格控制经济社会发展成本,提高经济效率,完善产能结构,做到经济社会发展的安全性和可持续性,发挥科技在其中的助力作用。另一方面,要合理利用好考核体系。树立正确的绩效观,加强顶层设计,处理好经济发展与绩效之间的关系,引导各地政府部门及企业围绕高质量发展做文章,提升发展的科技含量,引导政府官员树立正确的政绩观,进行绿色发展。同时要注重绩效评估反馈落实工作,及时反馈监督结果,引导各地政府、企业不断进行完善优化,提升经济发展的效能。

---

① 李琳,吴珊. 基于DEA的我国区域经济协同发展水平动态评价与比较[J]. 华东经济管理,2014(1),66.

第三节 安全与发展理论

纵观改革开放以来的发展布局,最先采取的是优先发展沿海地区的非均衡性政策,通过先富带动后富的方式实现共同富裕。从地缘位置来看,沿海地区是陆地通向海洋的前沿,在资源获取、运输渠道、吸引外资等方面具有先天优势,沿海地区逐渐由之前安全防卫的前沿变成发展的前哨,在一定程度上实现了安全与发展的异位。协同发展理念客观上为区域经济均衡发展提供了支撑,通过东中西部区域的递进发展与区域协同,实现了经济可持续发展。为此,厘清安全与发展的基本内涵,明确二者的辩证关系与转化临界点,找准不同区域发展任务的先后顺序,是提升现代化发展水平的基本前提与重要支撑。

一、安全界定

安全是人类追求的生活目标、状态与客观感觉,既是一种形而上的思想感受,又是一种与每个人息息相关的心理状态。从汉语字面意义来看,安全一是名词,是指平安与无威胁的状态,可以理解为避免遭受攻击、危害;二是动词,是指保护、保全。消除各种由不确定性带来的恐惧,或控制各种可能引发恐慌的社会存在。英文语境里的安全主要有Security和Safety,"如《韦伯词典》所解释的Security主要意思有两种:作为名词,指安全的状态,即免于危险,没有恐惧;作为动词,有维护安全的含义,指安全机构为维护安全而实行的安全措施"。[1]

学界关于安全的研究与定义因研究关注角度不同存在多样化的趋向。如徐华炳认为,从"安全"涉及的主客体关系方面来看,安全指一种主观感觉,又指一种客观状态,主观上不存在恐惧,客观上不存在威

---
[1] 徐黎丽,易鹏飞.陆疆安全问题的识别与界定[J].云南师范大学学报(哲学社会科学版),2013(4),28.

胁。①余潇枫认为，从安全后果看，"安全是个人或社会共同体免于威胁的一种存在状态，表示个人或社会共同体生存危机的消解"。②徐黎丽认为，从个体角度来看，"安全核心是人的安全，人的安全本质上是人与自然、人与其他物种、人与人之间关系的平衡和和谐程度"。③安全概念的界定囊括了主观感受、客观存在与社会环境等诸多要素，并以人的安全为最基本的切入点，探求一种生存状态与安全后果。安全是国家赖以生存的前提和基础，关系着国家统一、民族团结、主权领土完整，是国家的核心利益。总体来看，安全可以分为传统安全和非传统安全两大类。

传统安全。传统安全一般主要涉及政治、军事、外交等方面，是国家安全的高政治阶段。1943年美国专栏作家李普曼首次提出"国家安全"。在美国，传统安全主要指涉军事安全，把军事威胁看作传统安全的主要代名词。中国陆地有14个邻国、海洋上有6个邻国，是世界上邻国最多的国家之一。邻国众多也就造成安全压力的增加。现阶段我国的主要传统安全威胁既有来自陆上的，又有来自海洋的，同时还面临太空领域的安全威胁。在陆地上我国已同14个接壤国中的12个签订了边界条约或协定，占陆地边界总长度的90%。从海洋方面来看，我国同所有海洋邻国都存在主权领土争端，东海问题、钓鱼岛问题、南海问题等涉及面广、牵涉因素多、解决难度大，是未来制约中国海洋开发与海洋强国建设的重要因素。

非传统安全。非传统安全简单的理解可定义为传统安全以外的一切安全形式，是非政治、军事、外交的安全形态。近年来，伴随着经济社会发展及国内外联系的增多，非传统安全问题日益凸显，公共卫生安全、跨国走私、恐怖主义、自然灾害、核安全、生态安全等广泛存在。特

---

① 徐华炳. 危机与治理：中国非传统安全问题与战略选择[M]. 上海：上海三联书店，2011.
② 余潇枫，徐黎丽. "边安学"刍议[J]. 浙江大学学报（人文社会科学版），2009(6)，12.
③ 徐黎丽，易鹏飞. 陆疆安全问题的识别与界定[J]. 云南师范大学学报（哲学社会科学版），2013(4)，28.

别是伴随着邻国国内形势的变化,部分非传统安全存在风险外溢与扩散的可能。如新冠肺炎疫情暴发以来,缅甸等邻国人员偷渡国境多次造成我国云南瑞丽疫情的反复,缅甸军事政变造成边境难民涌入我国境内,阿富汗塔利班夺取政权增加恐怖主义涌入我国的风险,东南亚地区跨国走私和毒品贸易存在流入我国的风险,此外朝核问题带来的核威胁,海上油气开采泄漏及海上渔业生产不当带来的生态污染也带来生态安全问题,这些都是非传统安全的切实体现。

党的十九届五中全会审议通过的《中共中央关于制定国民经济和社会发展第十四个五年规划和二〇三五年远景目标的建议》,首次明确强调要"统筹传统安全和非传统安全",这表明国家对安全问题的认识进一步深化,非传统安全在国家安全中的重要性进一步提升,且通过统筹协调的方式处理安全问题。传统安全与非传统安全作为一对相互矛盾的关系并非一成不变,会随着客观形态与周边形势的变化而发生转化。一些传统安全经过长时间的积淀与转化可以转变为非传统安全,同样一些非传统安全随着重要性的提升也会逐渐转变为传统安全问题。如生物安全、核安全等非传统安全问题如果不加以重视,发生大规模的扩散与泄漏,则有可能威胁国家主权与政治安全,并最终影响国家安全稳定,威胁国家传统安全。

总体国家安全。2014年4月15日习近平总书记在中央国家安全委员会第一次会议时指出要"坚持总体国家安全观,走出一条中国特色国家安全道路"。在这次会议中首次提出总体国家安全观,并系统概括总体国家安全观包括的11种安全形态。强调要"既重视传统安全,又重视非传统安全,构建集政治安全、国土安全、军事安全、经济安全、文化安全、社会安全、科技安全、信息安全、生态安全、资源安全、核安全等于一体的国家安全体系"。后来随着国家安全形势的变化,总体国家安全观的范围不断扩大,除已有11种安全形态外,又逐渐增加了海外利益安全、生物安全、太空安全、极地安全、深海安全等,国家安全的范围扩大到16种,安全范围不断拓展,安全关联性不断深化。2015年7月通过的《中华人民共和国国家安全法》对国家安全做出了定义,指出"国家安全是指国家政权、主权、统一和领土完整、人民福祉、经济社会可持续发展和国家其他重大利益相对处于没有危险和不受内外威胁的状态,以及保障持续安全状态的能力"。党的十九大强调要"坚持总体国家安全观"。总体国家安全观成为新时代中国特色社会主义的基本方略之一,为我国合理认识安全形势,维护国家安全提供了重要思想保障与支持。"总体国家安全是一个系统性、层次性、有机性、关联性等相统一的安全结构体系。"①要坚持总体国家安全观,树立全局观和大局意识,从国家安全的整体性、不同地区的特殊性、内外影响的交织性、安全问题的时效性、安全维护的复合性等诸多角度进行分析、判断、解构,形成全局、一体、一域,多维度、立体化的安全管控思维,提升安全管控效能。

二、发展的界定

发展是一个哲学术语,是事物由旧物质到新物质不断变化的过程,是前进的和上升的,其本质是旧物质的灭亡和新物质的产生。体现了一个事物由小到大,由弱到强,由简到繁,由低级到高级不断演化的过程。事物是普遍联系的,其发展的根源是事物内在矛盾的存在,也即事物的内因,内因驱使事物本身不断变化,进而促成事物的不断发展。

事物发展的范畴很广,具体来说包括政治发展、经济发展、文化发展、科技发展、医疗卫生发展等诸方面,从宏观上构成了事物变化的过程,是一个协同统一的巨大体系。从发展的动力来看,又可以分为由内而外的自发式发展和由外而内的外在式突破,发展是内在与外在协调演化的结果,体现了事物的整体特质。从发展的应用范围来讲,现阶段关注点更多集中在经济发展上,具体可以概括为经济的开发和建设两个方面,经济开发构成发展的基本前提,包括经济规划、计划等,经济建

---
① 方盛举,张增勇.总体国家安全观视角下的边境安全及其治理[J].云南社会科学,2021(2),103.

设更多的是从实践的角度,二者共同助力经济可持续性发展。

(一)开发

开发是对资源、人力等进行发掘利用的一项社会活动,是伴随着经济社会发展而展开的,是一个从古至今延续下来的历史过程。经济开发的一个突出体现是国家协调不同地区发展的一系列规划。20世纪90年代以来的兴边富民、西部大开发、东北振兴等政策的推出对于统筹区域发展起到了重要推动作用,对于缩小内地同沿海地区差距,促进人员流动,经济互联互通等发挥了重要作用。党的十九大报告指出"优化区域开放布局,加大西部开放力度。赋予自由贸易试验区更大改革自主权,探索建设自由贸易港"。表明国家更加重视西部地区的发展,其从传统的对口支援,单纯的资源开发与传统产业转移向更高质量的经济模式转变发展。区域建设中更加注重陆海统筹,缩小内陆区域同沿海区域发展的巨大鸿沟,处理好东西部发展的互补与融合问题,且更加重视"自由贸易港"的建设,通过小片区的实验进行大片区的联动推广,通过重庆自贸区等西部内陆地区的建设,助推新时代西部大开发,通过新疆、西藏、云南、广西、内蒙古以及东三省与邻国交接口岸的开放与建设探索新发展模式,构建内陆开放的新高地,带动不同区域的经济发展迈向新台阶。

不同地区的开发在客观上促进了经济的统筹发展。"一带一路"倡议的提出使西部地区成为我国与邻国交往的核心区域,内陆地区的重要性空前提升,成为国家间交流、交往、交融的前沿。从这个角度讲,大力发展经济,促进西部地区对外交流是强化其前沿前线作用,发挥其区位优势、资源优势、交通优势,寻找新的增长极的重要机遇。改革开放后,除陆地开发外,海洋地区的开发也逐渐推进,海洋经济在国民经济中的占比不断提高。特别是党的十八大以来,国家提出建设海洋强国,海洋开发进入新阶段,建设陆海统筹的现代化强国在国家规划建设中的重要性更加凸显。

(二)建设

建设是对一个地区进行改造、布局的一系列活动的总称。作为发展的重要组成部分,建设更多地承接了经济发展规划的实施部分。全面建成小康社会,脱贫攻坚的完成为地区间协同发展奠定了重要基础,也为乡村振兴的有力衔接提供了物质基础与条件。在国家整体发展水平得到提升的前提下,不同区域的协同发展状况就成为提升总体经济实力的因素,同时中西部地区的发展水平将会成为衡量国家整体经济发展的重要标准。现阶段国家实施的一系列惠民政策更多的是倾向于经济欠发达地区。在新冠肺炎疫情肆虐,全球经济复苏乏力的情势下,加强不同地区的协同发展,发挥地区间经济社会发展的合力,挖掘经济社会发展的内生动力,提升经济社会发展的针对性与有效性成为经济建设的重要制约因素。

区域建设除利用好国内政策外,还要注意同国际大环境接轨。西部地区邻国众多,发展跨境贸易便成为其发挥主动性、积极性,实现地区劣势转化为经济发展优势的重要举措。中西部地区的发展迫切需要从内生动力转变为外在引力。为此,除了国内开发外,更应该注意好同周边区域的国际合作。"中国正在推动落实'一带一路'倡议,中蒙俄经济走廊、新欧亚大陆桥走廊、中亚西亚经济走廊、中巴经济走廊、孟中印缅经济走廊、中国—中南半岛经济走廊,以及中国—东盟命运共同体等重大合作倡议,为全面推进新一轮对外开放,发展开放型经济体系,和区域经济发展带来新的机遇和空间。"[①]这些合作多为跨国间的经贸合作,同国内的开发政策不同,更加具有地域特色,对于促进特定地区的国内外交流交往,提升区域合作水平与对外开放程度有重要推动作用,对于促进地区国家关系,激发区域合作活力,提升区域联系与一体化,提升国家整体对外开放程度与高质量发展具有深远影响。

---
① 邢广程. 周边、周边外交与中国边疆[J]. 中国边疆史地研究,2018(3),5.

三、安全与发展的辩证关系

安全与发展的关系是经济社会运行过程中必须处理好的一对基本关系。党的十九大强调要"统筹发展和安全"。"既重视发展问题,又重视安全问题。""按照安全—发展理论,发展政策和安全政策必须具有一致性,发展政策要体现安全性,安全政策要体现发展性。"[1]要协调处理好安全战略与发展政策的调试关系,做到安全与发展的平衡。

从宏观角度来看,我国的近代史便是一部安全与发展交织的历史,突出体现在站起来、富起来、强起来三个不同阶段。在站起来阶段,我国注重国家安全问题,通过一系列救亡图存、反帝反封建的斗争实现了国家的独立自主;在富起来阶段,国家更注重发展问题,特别是十一届三中全会后国家进入以经济发展为重心的阶段,发展成为党执政兴国的第一要务,人民的安康富足成为衡量我国整体发展水平的重要标志;在强起来阶段,国家的关注点不再仅仅是单纯的国家安全与经济发展,而是统筹发展和安全,做到既重视发展问题又重视安全问题,实现二者的协调统一。"面对社会主义现代化建设的丰硕成果和大好前景,要保持头脑清醒、增强忧患意识、坚持底线思维,全面认识和有力应对一些重大风险挑战;要全面评估发展中遇到的难点和风险的复杂性,注意抢占先机、补齐短板。"[2]把统筹发展和安全的理念贯穿到经济建设的全过程中。

"统筹发展和安全既是重大的战略思想,也是关键的战略部署,还是重要的战略工具,是我们在全面建设社会主义现代化国家新征程中乘风破浪、行稳致远的'桨'与'舵'。"[3]根据安全与发展的辩证关系,可以将安全和发展"细分为四种组合形态:安全发展形态、发展但不安全

---

[1]张付新,张云.安全—发展关联视域下的边疆安全治理[J].吉首大学学报(社会科学版),2016(5),78.
[2]刘同舫.实现宏伟目标必须统筹好发展与安全的关系[J].思想理论教育导刊,2021(1),15.
[3]袁鹏.统筹发展和安全 构建大安全格局[J].旗帜,2021(2),30.

形态、安全但不发展形态、不发展且不安全形态(见图1-1)。"①其中最理想的状态是安全与发展的同步,即实现"安全—发展"型的建设,表明国家在一个相对安全的环境下保证了各方面的建设与发展,这一阶段风险较低。最差的状态是既不安全也不发展,表明这一阶段安全与发展都处在一种较危险的状态,整体上呈现出一种较高的风险。其余两种状态是安全与发展中的某一个要素存在问题,或者是处于安全但未发展状态,或者是处于发展但不安全状态,相比来说这两种形态的风险居中,处于中风险区域。概括来说安全与发展的关系主要体现为两大方面,即安全是发展的前提,发展是安全的保障。

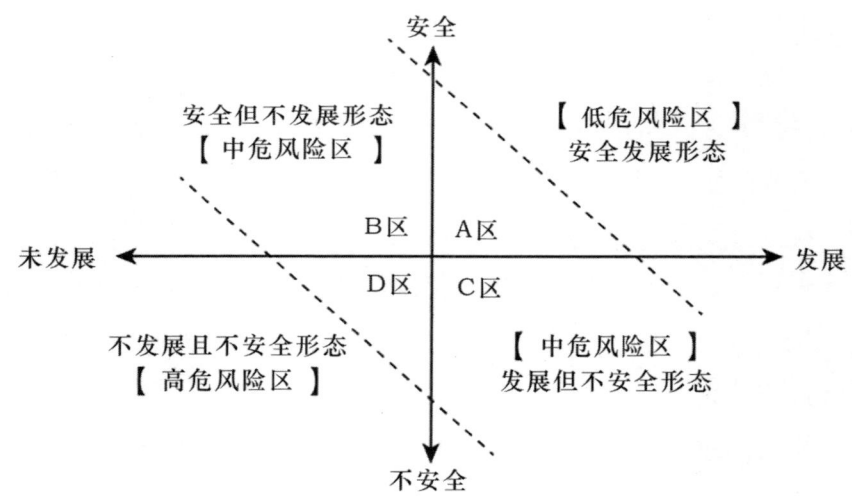

图1-1 安全和发展的"四种形态"和"三级风险"示意图

安全是发展的前提。维护国家安全是一个国家能力的重要体现,只有保证国家安全,才能保证发展的有序推进,才能为发展创造基本环境。纵观国内外的发展实践来看,国家安全环境在其中起了重要作用。从国家内部来看,如果不能保证国内的安全稳定,就无法保证政策的制定实施与经济可持续发展,也无法保证人民安居乐业与整体生活水平的提高。从外部来看,安全更多地表现为维护国家主权领土完整,保证

①唐钧.论安全发展的创建和统筹[J].中国行政管理,2022(1),116.

国家安全空间不被侵犯,这是国家发展的基本保证。从历史发展来看,世界主要经济大国的崛起无一不是建立在社会安全的基础之上。客观来说,"发展和安全是目的与手段的辩证统一,二者互为条件、互相影响,互为因果、互相制约,互为基础、相互支撑,二者不可偏废、缺一不可,要努力实现在安全中求发展、在发展中促安全的国家治理新格局"。[①]实现安全发展的辩证统一,更需要处理好安全与发展先后顺序的关系,保证建立在安全基础上的发展和保证发展可持续性的安全的有机统一。

发展是安全的保障。发展是国家保持健康稳定的基本动力。没有发展,安全只能是暂时的,更好的发展才能确保国家长治久安。从发展的范围来看,大体可分为整体发展和局部发展,改革开放以来国家采取的局部发展带动整体发展的策略适合我国的国情,通过先富带动后富等方式,逐步实现发展的有效衔接。东部地区率先发展起来后带动了西部大开发与中部崛起,东西部对口帮扶、脱贫攻坚等针对局部的发展政策,促进了局部突破,从整体大局上实现了发展的全员、全过程、全方位,让共同富裕惠及所有民众。从侧面来讲,推进全方位发展有助于降低社会矛盾、分歧与阻力,在更大程度上反过来又促进了国家安全,发展为安全的实现提供了更多的动力。党的十八大以来,国家提出总体国家安全观,"健全完善国家安全体制机制,推进国家安全法治建设,制定《国家安全战略纲要》,开展国家安全宣传教育等,开创了国家安全工作新局面,为经济社会发展提供了有力支撑"。[②]区域经济协同发展及各类经济开发区与开放政策的落实为国家经济新格局的打开提供了新通道,只有更充分、更广泛、更全面、更持久的发展才能保证国家长治久安,也才能为适应百年未有之大变局与中华民族伟大复兴中国梦的实现积蓄力量。

[①]江涌,朱卫年.论发展度与安全感——国家安全哲学的系列思考[J].国有资产管理,2022(3),78.
[②]马宝成.统筹发展和安全 筑牢国家安全屏障[J].中国党政干部论坛,2020(12),42.

第二章 粤港澳大湾区区域产业经济发展实践分析

第一节 区域产业经济现状与问题

一、产业经济的内涵及相关理论

产业经济是关于产业的要素、结构、功能、性质、发展规律的经济学，是居于宏观经济与微观经济之间的中观经济，是连接宏、微观经济的纽带。以产业为研究对象，主要包括产业结构、产业组织、产业发展、产业布局和产业政策等。探讨以工业化为中心的经济发展中产业之间的关系结构、产业内的企业组织结构变化的规律，以及内在的各种均衡问题等。主要研究科技进步、劳动力等要素资源流动、空间发展与经济绩效以及产业的动态变动规律。产业发展必然由非均衡趋向均衡，致力于建立有效的产业组织结构，实现产业的合理布局。

(一)产业组织理论

产业组织理论主要是为了解决马歇尔冲突，即产业内企业的规模经济效应与企业之间的竞争活力的冲突。传统的产业组织理论体系主要是由张伯伦、梅森、贝恩、谢勒等建立的，即著名的市场结构、市场行为和市场绩效理论范式(又称SCP模式)。SCP模式奠定了产业组织理论体系的基础，以后各派产业组织理论的发展都是建立在对SCP模式的继承或批判基础之上的。

(二)产业结构理论

主要研究产业结构的演变及其对经济发展的影响。从经济发展的角度研究产业间的资源占有关系、产业结构的层次演化,从而为制定产业结构的规划与优化的政策提供理论依据。产业结构理论一般包括:对影响和决定产业结构的因素的研究;对产业结构的演变规律的研究;对产业结构优化的研究;对战略产业的选择和产业结构政策的研究;对产业结构规划和产业结构调整等应用性的研究等。

(三)产业关联理论

产业关联理论又称产业联系理论,侧重于研究产业之间的中间投入和中间产出之间的关系,这些主要由里昂惕夫的投入产出法解决。能很好地反映各产业的中间投入和中间需求,这是产业关联理论区别于产业结构和产业组织的一个主要特征。产业关联理论还可以分析各相关产业的关联关系(包括前向关联和后向关联等),产业的波及效果(包括产业感应度和影响力、生产的最终依赖度以及就业和资本需求量)等。

(四)产业布局理论

产业布局是一国或地区经济发展规划的基础,也是其经济发展战略的重要组成部分,更是其实现国民经济持续稳定发展的前提条件。产业布局理论主要研究影响产业布局的因素、产业布局与经济发展的关系、产业布局的基本原则、产业布局的基本原理、产业布局的一般规律、产业布局的指向性以及产业布局的政策等。

(五)产业发展理论

研究产业发展过程中的发展规律、发展周期、影响因素、产业转移、资源配置、发展政策等问题。对产业发展规律的研究有利于决策部门根据产业发展各个不同阶段的发展规律采取不同的产业政策,也有利于企业根据这些规律采取相应的发展战略。

(六)产业政策研究

纵向看包括产业政策调查(事前经济分析)、产业政策制定、产业政策实施方法、产业政策效果评估、产业政策效果反馈和产业政策修正等内容;横向看包括产业发展政策、产业组织政策、产业结构政策、产业布局政策和产业技术政策等几个方面的内容;从其作用特征来看包括秩序型(或称制度型)产业政策以及过程型(或称行为型)产业政策。

"五力模型"是产业经济学的重要内容,由著名的经济学家麦克尔·波特(Michael Porter)于20世纪80年代初提出,对企业战略制定产生全球性的深远影响。其用于竞争战略的分析,可以有效分析客户的竞争环境。包括供应商的讨价还价能力、购买者的讨价还价能力、新进入者的威胁力、替代品的威胁力、行业内现有竞争者的竞争力。

二、粤港澳大湾区发展的核心内涵与价值

(一)湾区经济的核心

纵观世界经济地理分布,经济发达区多出现在自然地理和经济地理有区位优势的大河河口及海湾区域,简称"湾区"。湾区是大陆与海洋的连接点,其城市的张力由湾区开始辐射全球,"湾区经济"不仅是都市圈经济,而且已经成为在经济全球化时代,一定程度上改变世界经济、科技格局和运行方式的新的经济组合,成为全球化时代新的经济、科技竞争与合作的特殊平台。大多由一个或者数个世界级中心城市组成,它们是全球城市网络的重要枢纽,是世界经济增长的驱动引擎,科技创新的聚集高地,新思想交汇创新的发源地。

湾区经济是全球性市场配置资源的经济组合,是构建全球性开放的经济结构和空间的载体。是全球性新兴经济体系及产业的聚集形态,拥有全球性物流组织与贸易网络,是汇集并培育全球性核心竞争力的重要极核。依托优质港口和全球性中心城市所拥有的金融中心、创新中心、文化艺术中心,以区域及产业的集聚形态构建出有效的市场竞

争格局,并作为国家力量形成专业化的研究发展和高端要素配置的集聚高地,成为全球性市场配置资源的经济组合。湾区经济具有开放的经济结构、高效的资源配置能力、强大的集聚外溢功能和发达的国际交往网络,形成并具备全球性中心城市与城市群的核心空间载体,易于构建全球性开放的经济体系和产业体系。湾区经济依托国际贸易,为湾区资源的高效配置和经济活力提供了良好的战略性平台与流动性载体。湾区经济能够使企业共享区域公共设施、市场环境和外部经济的各种条件,降低信息交流和物流成本,形成区域市场的集聚效应、外部效应和区域竞争力,使得其能够成为汇集并培育全球性核心竞争力的重要增长极,以及发展全球性新兴经济形态及其产业的优质组合。

(二)粤港澳大湾区的价值体系

1.国家全局视野中强化区域地位的标志性突破。2017年全国两会的政府工作报告提出:要推动内地与港澳深化合作,研究制定粤港澳大湾区城市群发展规划,发挥粤港澳独特优势,提升在国家经济发展和对外开放中的地位与功能。使得大湾区由地理概念、学术层面、区域战略上升为国家战略,是国家全局视野中强化区域地位的标志性突破。

2."一国两制"背景下一体发展的关键性突破。粤港澳大湾区有国家战略层面的顶层设计并带动港澳共同发展,是"一国两制"背景下粤港澳联动发展、融合发展的关键性突破。

3.对标国际顶尖湾区的战略性突破。粤港澳大湾区直接对标全球最发达的美国旧金山、纽约、日本东京三大湾区,是国家在全球化时代对标国际顶尖区域,实现跨越式发展的战略突破。

4.改变国家在全球化分工格局中地位的根本性突破。在全球整体产业链布局中,发达国家在上游、核心,我们处于中低端,急需改变中国在全球的分工地位与状态,重组全球的创新链与产业链,这是国家能否占领全球经济科技制高点并拥有核心竞争能力的根本性突破。

(三)粤港澳大湾区发展的战略定位

1.粤港澳地处海上丝绸之路的要冲,大湾区经济的发展可以带动形成区域发展的合力,发挥纽带和引擎作用。粤港澳大湾区在国家建设海上丝绸之路的大背景下,依托有利的湾区资源,借助经济发达的城市群,面向通往世界的广阔海洋,充分发挥开放经济的引领作用和创新经济的驱动作用,开创和探索我国开放经济发展的新阶段和新形态,建设成为我国海上丝绸之路的桥头堡。

2.进一步推动全方位开放,促进环南海经济圈发展。粤港澳大湾区区位优势明显,是中国对外开放的前沿阵地,拥有广阔的腹地资源,成为建设腹地经济的桥头堡。同时可通过港口辐射作用,带动内地产业发展,充实粤港澳大湾区的港口腹地。深化粤港澳与内陆地区的合作,是服务国家南海战略,实施海洋强国的重要抓手,以及在更大范围内配置资源和实现更好发展的内在需要。

3.粤港澳大湾区是打造区域协同发展新优势,积极服务泛珠三角合作的重要举措。通过区域协同创新发展,粤港澳大湾区以海岸线为主轴,以11个中心城市为依托,以临港产业集聚区为核心,形成临海产业带,以海洋产业群、滨海城镇群、海洋景观、海岸生态屏障为支撑,通过产业、居住、景观带的科学错位布局,打造宜业、宜居、宜游的粤港澳大湾区经济带。粤港澳大湾区的发展突破行政区域界线,将不再以各个城市、各自为政来发展区域经济,而是从整体上重新规划布局,有利于优化配置湾区资源,引导重点产业集聚,形成产业集群,通过区域协同发展的新优势,积极服务于泛珠三角合作。

4.突破传统大而全的独立城市形态,形成统筹协调发展的城市群。打破地域、行政分割,改变资源过度集中,经济发展差异显著的空间格局,充分发挥城市间的动态比较优势,形成各具特色、相互关联、创新发展的优势,以低交易成本和强大的金融实力,发展全产业链国际竞争优势。从传统金融中心、服务中心、制造中心向多元复合型的科技创新中心转变。按照城市规模与发展水平,依照比较优势向"总部经济+金融中心+科技创新中心+高端制造业中心""总部运营中心+研发中心+制造中心"等多种复合创新模式转变。

三、粤港澳区域经济一体化

(一)粤港澳区域经济一体化的内涵

粤港澳区域经济一体化的内涵即广东省与香港、澳门两个特别行政区之间,通过消除阻碍相互间经济活动的关税、海关制度差异等边界障碍,交通、行政制度差异等内部障碍,形成具有国际竞争力的、相互依赖的区域产业分工和合作体系的过程。其在发展中表现出次区域合作和国内特定区域内部经济一体化两种特点的融合。

粤港澳地区作为中国改革开放的前沿,是中国内地与世界经济接触的开端和窗口,是连接国内经济和外部经济体系的通道和平台。在新时期,推动粤港澳区域经济一体化发展符合中国突破经济发展桎梏,实现经济转型和发展的现实需要。对于已经成为中国经济增长极的粤港澳地区进一步实现经济一体化发展,通过内部和外部要素的重新组合配置,构建具有国际竞争力的相互融合的产业集聚和分工格局以及城市结构体系,在更高层次和内涵上对中国改革开放以来的发展历史进行重新演绎,这对未来中国经济发展而言意义深远。

(二)区域内制度和结构调整

粤港澳经济一体化进程中制度和结构调整有着极为重要的影响,合理的区域内产业分工有着重要意义。从历史合作形成的经济基础、当前产业升级的共同需求以及相互间的优势互补三个角度看,"所谓区域经济一体化就是通过成员之间的产品贸易、要素流动障碍的消除以及对生产活动外部性的共同治理,使得每个经济主体能获得比单一经济体时更大的利益"。目前,粤港澳大湾区拥有香港和澳门两个自由港,深圳、珠海两个经济特区,南沙、横琴和前海蛇口三个自贸片区,形成了自由港、自贸区、经济特区等多重经济体的叠加优势,同时也是我国外向型程度最高的经济区,将成为"一带一路"的主力引擎。

(三)区域经济一体化的核心目标

粤港澳区域经济一体化在次区域经济合作框架下所具有的内涵以及开展一体化的必要性和潜在的经济效应,决定着区域经济一体化具有三个核心目标:合理的区域产业体系构建、合理的区域社会发展体系构建及合理的区域空间结构(城市体系)建设。广东省政府分别于2010年和2011年与香港和澳门特区政府签署了《粤港合作框架协议》和《粤澳合作框架协议》以及后续的补充协议,作为对《规划纲要》确立的合作原则与领域的进一步细化。从制度安排上,粤港澳经济一体化取得了一定进展,有关政府、市场和第三方机构在粤港澳经济一体化中的地位和发挥作用的问题将是下一步发展的重要关注点。

(四)粤港澳区域经济一体化面临的问题和挑战

粤港澳三地在经济、地理、人文等方面存在得天独厚的发展优势,站在新的历史起点上,粤港澳三地面临一些共同的问题和挑战:产业结构、增长模式和发展方式面临巨大转型压力;优势互补、利益共享的新产业分工体系尚未建立;CEPA(Closer Economic Partnership Arrangement)框架下,产品和要素流动仍存在诸多制度性障碍;金融合作水平和层次远未适应三地经济融合的客观要求。粤港澳三地的政府治理模式存在差异,地区产业集群的内部治理欠缺规范,区域产业集群之间的同质化竞争比较突出,要促进粤港澳经济一体化进程,必须注意避免无序竞争,扩大区域市场范围,提升制度供给效应,采取政府主导、企业跟进和协会促进等多方并进的方式,确立利益协调机制与政府规制边界,从而降低区域交易成本,实现区域经济一体化。

四、粤港澳大湾区产业经济现状

(一)大湾区区域经济一体化

粤港澳三地山水相依,新中国成立初期被西方国家全面封锁的状态,以及长期以来的计划经济体制,内地与港澳的经济联系十分脆弱。1970年中国内地与香港的贸易额仅占香港贸易总额的8.8%。直到1978年改革开放,1979年2月深圳和珠海特区的成立,才彻底改写了粤港澳区域合作的历史,粤港澳地区从此走向了紧密的经济合作。

粤港澳大湾区主要指"9+2"城市群,包括广州、佛山、肇庆、深圳、东莞、惠州、珠海、中山、江门9市和香港、澳门两个特别行政区。《粤港澳大湾区发展规划纲要》2018年正式发布,标志着香港、澳门经济全面融入国家发展战略。然而就目前的态势来看,相比紧密的地理和经济联系,粤港澳三地的行动仍然显得相当孤立和分散;相比国内其他地区积极谋求区域经济一体化、城市群抱团发展的格局,粤港澳三地的战略规划严重滞后。事实上,在新一轮全球经济变革中,粤港澳三地都面临严峻的产业升级压力和世界范围内的城市群竞争压力。在CEPA框架下,中央政府与香港特区政府签署了《内地与香港关于建立更紧密经贸关系的安排》及补充协议、中央政府与澳门特区政府签署了《内地与澳门关于建立更紧密经贸关系的安排》,三地的经济融合虽然取得了一定成绩,但经济一体化进程并不顺利,急需寻找加快粤港澳经济一体化进程的战略机遇和突破口,增强三地在世界范围内的竞争力。在此背景下,只有抓住"大湾区"规划为三地带来的共同战略机遇,加快经济融合和产业协同发展,推动粤港澳经济一体化进程,才能发挥三地独特的地理区位优势和既有的经济优势。

(二)大湾区的优势

1.区位优势。区位作为一种"生产要素",是可遇而不可求的优势。粤港澳大湾区背靠祖国内地,连接港澳,面向东盟。东至海峡西岸经济区,西至北部湾经济区和东南亚,是国际物流的重要节点和"21世纪海上丝绸之路"的重要枢纽。三地依托珠三角广阔腹地、沿海且香港具有优良的深水港,这些都是发展外向型经济的区位优势,是中国其他地区以及亚洲其他地区所不具有的,在由海洋主导的世界经济中这种优势尤为明显。由于地理位置的天然优势,在向腹地辐射出强大外溢效应的同时,粤港澳大湾区能得到广袤的腹地支撑。香港以东南沿海地区作为生产加工的腹地,并向内地扩展,构成"双层腹地"格局;粤港澳大湾区腹地可以延伸到内陆区域,获取足量资源要素,同时完成产业集聚与转移。大湾区的区位优势,有利于实现湾区经济的国际化和市场化,拥有具有世界竞争力的生产要素和产业集群,是世界闻名的产品供应基地,也是亚太地区首屈一指的现代服务业中心。大湾区所包括的9个内地城市,一直是全国市场导向改革的先行者和试验田,是内地市场意识、市场体系最强的地区,香港、澳门是世界公认的市场经济优势发展区和自由经济体,是中国市场化水平最高的区域之一,以此形成开放型的国际网络。

2. 政策优势。"一国两制"是大湾区最大的特点、优势和决定性因素。大湾区是"一国两制"成功实践的示范区,在贸易、金融、创新科技等方面,都具有良好的机遇和潜力。粤港澳大湾区地处中国深化改革和对外开放的最前沿,先后设立有深圳特区、珠海特区、南沙新区、前海深港合作区、横琴粤港澳紧密合作示范区、广东自贸区等一系列改革开放试验区。拥有一国两制、自贸区、国家自主创新示范区、国家级新区、粤港澳合作示范区等改革创新先行先试的政策集成优势。

3. 产业优势。大湾区产业体系完备,作为中国改革开放的先行地区,珠三角成为全球知名的加工制造基地和产品出口基地,目前除形成了石油化工、服装鞋帽、玩具加工和食品饮料等中低端产业集群外,还形成了通信电子信息、新能源汽车、无人机与机器人等高端产业集群。以及作为国际金融中心和国际自由贸易港的香港,和全球著名旅游目的地的澳门,现代服务业高度发达,构成粤港澳地区完备的产业体系。

粤港澳大湾区当前主要的经济发展类别是创新经济、服务经济,以及持续存在的港口经济和工业经济,形成独具中国特色的多阶段、混合型湾区经济。

大湾区是我国制造业门类最全、产业链最丰富、市场化最活跃的城市群,具备担当中国在第四次工业革命"弯道超车"的转型力量主体和主要策源地的优势。多元化城市集群为第四次工业革命的原始创新、集成创新创造了条件,汇集了丰富的产业资源、科技资源、市场空间及企业主体,凭借健全的产业链,具备竞争优势和成本优势。

4.交通物流优势。大湾区拥有水路和航空优势,航道、港口群、机场众多,是全球交通枢纽。区内铁路网、公路网密布,城际交通发达,特别是港珠澳大桥的落成,使珠江东西两岸形成完整的交通闭环,促进了珠江两岸经济合作,提升粤港澳三地的互补功能。优良的交通基础设施,有利于港口城市发展交流,在大湾区形成具有较强的经济文化影响力的都市圈,使得区域经济一体化具备更强的经济影响力,城市间要素相互交融,以及无障碍流通,为大湾区经济发展带来强大的凝聚力。

5.人才优势。粤港澳大湾区内高校和各级研究机构云集,高校学生、高水平研究人才等人力资源储备丰富,是智力密集区和人才高地。聚集了大批法律人才、金融人才、高端服务人才,大湾区在经济体量、人口规模、人才资源等方面具备打造世界级湾区的坚实基础和持续发展后劲。

6.文化优势。粤港澳大湾区有着对外交流融合的基础,具备开放、包容、创新和外溢性的优良文化,成为推动粤港澳大湾区文化融入全球发展的重要推动因素和海内外文化交流的重要平台。港澳的特殊历史以及江门、中山等著名侨乡,使粤港澳大湾区兼具华侨、英语和葡语三种文化,成为连接"21世纪海上丝绸之路"沿线国家的重要纽带。大湾区所具备的独特人文纽带关系,有利于开展公共外交,更好地服务国家战略,是建设海上丝绸之路的重要人文资源。同时凭借港澳地区东西方文化荟萃地的优势,在促进中国与国际社会经贸人文交流方面发挥着重要作用。

7.错位动态优势。这是区域合作中经济体实现持续发展的关键,在港澳的劳动密集型企业向广东转移的过程中,香港并没有在珠三角制造业基地的崛起中没落,而是借助广东对外贸易的发展,发挥和培育新的自身优势,在多元化背景下成了国际服务中心。

第二节 区域产业经济动力机制研究

一、产业集群成长的推动作用

(一)产业集群与区域经济的互动关系

产业集群成长通过3种方式推动区域经济一体化发展:一是价值链延伸机制,推动区域大中小企业之间的分工合作;二是交易网络扩张机制,推动城市群产业分工合作;三是网络创新机制,推动区域产业创新平台一体化。另一方面,区域经济一体化又从三个方面对产业集群成长产生作用:首先是要素市场一体化,有利于促进产业集群开放系统的要素流动性,其次是制度机制一体化,有利于降低交易成本和沟通合作成本,三是合理的补偿机制,有利于加快横向经济协作和纵向联合。

(二)产业扩散效应

交易成本,主要涵盖运输成本、贸易成本等,与产业集聚之间的关系,集中体现为缪尔达尔分析中的"扩散效应"。当制度以及技术等其他因素导致运输成本下降时,由于规模经济的存在,产业趋向于集聚,利用关联效应产生收益;随着运输成本的降低,通过分散生产带来的运输成本节约,能够弥补放弃关联效应的收益,产业趋向于依据不同地区消费市场的大小,实现本地生产和供给。

二、区域协调机制

(一)粤港澳区域协调的表现形式

主要表现为粤港澳地区对国内、国外市场的协调,以及粤港澳三地产业发展的协调。粤港澳地区历来是中国对外经济交往的窗口,但是随着国际市场需求疲软以及中国经济发展模式的转变,粤港澳地区的经济发展和产业布局应拓展国际市场,尤其是"一带一路"沿线市场,同时充分挖掘国内市场,摆脱过去"一条腿走路"的情况,成为衔接国内和国外两个市场的中心地区。

(二)粤港澳区域协调的发展周期

1.1979—1997年为第一个发展周期。在1979—1989年的第一个阶段,香港的经济增长表现相比广东前置,广东的增长趋势在很大程度上由香港带动。1990—1997年的第二阶段,广东与香港的增长趋势表现为同步。从粤港澳三地的合作角度看,第一个阶段是广东、香港合作模式的探索发展阶段,在这一阶段香港从合作中获得较高的利益,并成为带动合作模式不断发展成熟的动力。1989年以后,两地的合作模式趋于成熟,在利益共享上也表现得更加均衡,两地经济增长趋于稳定,"前店后厂"模式带来稳定的经济增长。

2.1998—2013年为第二个发展周期。两地经济增长趋势波动幅度明显小于第一个周期,但受到明显的国际冲击。前一阶段为1998—2003年,由于香港受到国际金融危机冲击,导致广东和香港在增长趋势上出现大幅差异,受香港经济影响,广东的增长趋势明显下降,后发增长优势及前期合作模式的增长空间逐渐耗尽。第二阶段为2004—2013年,在2008年全球经济危机冲击下,广东与香港经济增长趋势的波动幅度明显低于第一阶段。2009年《大珠三角城镇群协调发展规划研究》发布,把"湾区发展计划"列为空间总体布局协调计划的重要环节,提出跨界交通合作、跨界地区合作、生态环境保护合作和协调机制建设。2012

年,广东公布全国首部《广东海洋经济地图》,打破行政界线,以湾区为单位进行发展,辐射内陆经济。

3.2014—2021年为第三个发展周期。2014年湾区经济首次被纳入深圳市政府工作报告,2015年国务院发布《共建丝绸之路经济带和21世纪海上丝绸之路的愿景与行动》,提出要深化粤港澳合作,十三五发展纲要也提出,要推动粤港澳大湾区和跨省重大合作平台建设。2017年,粤港澳大湾区正式纳入政府工作报告,研究制定《粤港澳大湾区城市群发展规划》,发挥港澳独特优势,提升在国家经济发展和对外开放中的地位与功能。同年,习近平签署《深化粤港澳合作推进大湾区建设框架协议》,将大湾区建设成为更具活力的经济区、宜居宜业宜游的优质生活圈和内地与港澳深度合作的示范区,打造国际一流湾区和世界级城市群。随着港珠澳大桥全线贯通,粤港澳半小时超级城市群经济圈形成,世界级大湾区加速发展。

三、动力机制

(一)制度、政策红利

1.改革开放的先发制人。"开放"一直是粤港澳地区独占的优势,设立特区的最初设想也是来自香港和澳门,这是粤港澳地区实现经济快速发展的重要动力源泉。1980年在广东和福建设立的四个经济特区中两个位于广东,最先获得了港澳的大力支持。在改革开放初期,相比国内其他地区而言,粤港澳地区获得的是一种对外开放的"垄断优势"。

十八届三中全会后,广东省委公布了《中共广东省委贯彻落实<中共中央关于全面深化改革若干重大问题的决定>的意见》,指出要在基础设施、产业布局、城乡规划等方面完善珠三角一体化发展机制,进一步深化和扩大粤港澳地区的开放合作程度,落实粤港、粤澳合作框架协议,健全粤港、粤澳联席会议制度,携手建设更具综合竞争力的世界级城市群。2010年,广东省政府颁布了珠三角五个一体化规划,包括《珠江三角洲基础设施建设一体化规划(2009~2020年)》《珠江三角洲产业布局一体化规划(2009~2020年)》《珠江三角洲基本公共服务一体化规划(2009~2020年)》《珠江三角洲城乡规划一体化规划(2009~2020年)》《珠江三角洲环境保护一体化规划(2009~2020年)》,为珠江三角洲区域一体化建设在基础设施、产业、公共服务、城乡建设和环境保护五个方面做出全面统筹和科学规划。

国家在战略层面将大珠三角地区确立为"一带一路"倡议的战略支点,是海上丝绸之路的桥头堡以及通向东南亚和印度洋地区的重要通道。国务院授权国家发改委、外交部、商务部联合发布的《愿景与行动》中明确指出要充分发挥深圳前海、广州南沙、珠海横琴等开放合作区的作用,深化与港澳的合作,打造"粤港澳大湾区",使之成为"一带一路",特别是海上丝绸之路的桥头堡。此外,国家在"十三五"规划中明确提出要"支持共建大珠三角优质生活圈,加快前海、南沙、横琴等粤港澳合作平台建设。支持港澳在泛珠三角区域合作中发挥重要作用,推动粤港澳大湾区和跨省区重大合作平台建设"。

2. 粤港澳地区产业合作与发展。区域产业发展历来是中央政府以及粤港澳地方政府关注的重点,先后出台了各级相关政策文件,鼓励和支持产业转型和升级,主动规划未来粤港澳地区产业发展和布局。国务院发布的《珠江三角洲地区改革发展规划纲要(2008~2020年)》在中央层面明确了珠三角改革发展战略。广东省政府于2010年印发《珠三角产业布局一体化规划(2010~2020年)》提出珠三角"要遵循产业发展规律,强化市场导向功能,打破行政体制机制障碍,整合资源、集约发展,构建特色突出、错位发展,分工协作、互补互促,空间集聚、布局优化的产业发展新格局,实现资源要素配置效率最大化,提高珠三角区域整体竞争力"。此外,广东省为实现省内区域经济协调发展,加快推动东西两翼及北部山区工业化、现代化进程,陆续颁布《关于我省山区及东西两翼与珠江三角洲联手推进产业转移的意见》《关于推进产业转移和劳动力转移的决定》等文件,提出省内制造业和劳动力"双转移"战略,力图将原有传统制造业转移至省内其他地区,借此在珠三角地区实现产业结构升级,从而为发展先进制造业腾出空间。国务院于2010年印发了《全国主体功能区规划》,该规划是我国土地空间开发利用的战略性、基础性、约束性原则,是各地区制定产业政策的基础。《全国主体功能区规划》指出要"通过粤港澳的经济融合和经济一体化发展,共同构建有全球影响力的先进制造业基地和现代服务业基地"。依据《全国主体功能区规划》,广东省政府2012年编制并印发了《广东省主体功能区规划》,该规划是广东省国土开发和产业布局的基础。根据《规划》,广东省土地空间划分为四类主体功能区域,分别是优化开发、重点开发、生态发展和禁止开发,并在文件中明确了这四类主体功能区的地域范围、功能定位、发展方向及目标。《规划》把广东省各市县划分为国家级和省级优化开发区、重点开发区,指出各地区的优先发展方向。在此基础上,广东省政府发布《广东省主体功能区规划地级以上城市开发指引》,详细说明了广东省各区域、各城市、各区县的重点发展方向和重点建设领域,引导广东省产业空间布局实现科学化、合理化和高效化。广东省政府在《广东省主体功能区规划》的基础上,为了落实产业发展规划,依据国家产业政策,制定了《广东省主体功能区产业发展指导目录(2014年版)》,明确了国家级和省级重点开发区的准入指导标准,将具体产业项目分为鼓励类、限制类和禁止类,通过政策措施鼓励提升生产效率、推动产业升级、自主创新和节能环保的技术、产品和项目,限制低技术水平、产能过剩、不利于节约资源、保护环境的生产装备和产品,禁止严重浪费资源、污染环境以及落后于国家技术标准的项目和产品。

3. 港澳的相关配套政策机制。香港政府积极推动本地产业转型与调整,于20世纪初着手研究香港未来发展路径,发布了《香港2030:规划远景与策略》研究报告,明确香港未来的产业发展重点为金融、现代服务业、航运、物流业和旅游业。金融及现代服务行业将作为香港未来产业发展的核心,特区政府未来将努力提升香港的国际竞争力,维护香港世界级金融中心地位;航运和物流业将成为香港未来的支柱型产业,香港将继续保持地区物流枢纽和东亚地区的进出口贸易中心的地位;旅游业将会成为香港的主要产业,为香港提供大量就业岗位,特区政府未来会进一步加强旅游景点和旅游设施建设,维持香港作为世界级旅游目的地的地位。

澳门特别行政区政府根据国际大环境和国家、地区发展战略规划,发布了《澳门城市概念性规划纲要》《澳门特别行政区"五年发展规划"(2016~2020)草案》等政策性文件,明确澳门产业的特色化发展方向,提出把澳门建设成为一个以"旅游"为形式、以"休闲"为核心、以"中心"为方向、以"世界"为品质,具有国际先进水平的宜居、宜业、宜游、宜乐的城市。

4.更紧密经济伙伴关系CEPA。21世纪以来,CEPA框架是内地与港澳之间的制度性变革之一。10多年来CEPA对推动粤港澳区域合作机制和制度平台建设,发挥了重要作用,并由此催生了粤港、粤澳合作框架协议。在合作框架协议下三地不断举行粤港澳高层会晤研究重大合作事项,指导和推动了区域合作的开展。在《大湾区发展规划》出台的背景下,粤港澳三地又催生了新的制度创新合作平台。未来粤港澳区域经济一体化发展,在粤港(粤澳)合作框架协议以及大湾区建设双轮驱动下,进一步深化合作和制度创新,特别是粤港澳三地政府间的落实机制。

5.联席会议制度。联席会议制度在大湾区合作中作用显著,在《粤港合作框架协议》《粤澳合作框架协议》中也得到了确认和肯定,但事实上一直缺乏正式的决策机制。高层不定期会晤,能够较好地发挥沟通协调作用,参考亚太经济合作组织等国际事务协调机构的模式和工作方法,粤港澳三地应该合理确定定期会晤、不定期会晤、正式会晤和非正式会晤的职责和决策机制,并将决策交由其他具体机构负责执行。正式将粤港澳三地联席会议制度上升为一般性决策制度,使会议的决策对三方形成制度化、法治化的约束力。在联席会议制度框架下设立会议秘书处作为常设机构,辅助粤港澳决策层工作,更好地贯通粤港澳合作框架下的决策层、执行层、咨询层以及监督层的沟通联系,秘书处直接向三地最高领导人负责,保证粤港澳一体化决策的有效性。

(二)区域经济一体化的拉动

粤港澳区域经济合作从最初的发展开始,便一直带有"一体化"的内涵,这种内部一体化的推进是粤港澳经济发展的关键动力。大湾区所在的城市群是中国改革开放的前沿,拥有世界一流的高端制造业和现代服务业,是推动中国经济增长的重要引擎,地区内部各城市之间在政治、经济、文化、地理等方面有着多种关联。粤港澳三地需在新时期进一步强化内部资源整合,进一步推动粤港澳区域经济一体化进程深入发展,从多年积累形成的经济现实出发,借助"一带一路"倡议带来的机遇,重新定位内部的"制度优势""区位优势""比较优势",发挥潜在的独特价值空间,发挥区域经济辐射作用。

围绕粤港澳区域经济一体化,制定了一系列政策和制度,2003年签署了《内地与香港关于建立更紧密经贸关系的安排》《内地与澳门关于建立更紧密经贸关系的安排》,致力于逐步消除内地与港澳之间的货物贸易壁垒,实现服务贸易自由化和投资便利化,提高两岸经贸交流水平,实现共同发展。2016年6月1日正式实施的《内地与香港CEPA服务贸易协议》和《内地与澳门CEPA服务贸易协议》,标志着内地全境与香港、澳门均基本实现服务贸易自由化。珠江三角洲区域一体化战略已实行了十余年的时间,区域经济一体化程度明显提升,人员、货物、资金在区域内基本实现自由流通,经济联系强度与城市集群的中心性明显提升。广佛肇、深莞惠、珠中江三个城市群已初现端倪,与香港、澳门之间的人员、经贸往来日益密切。

粤港澳大湾区建设发展的核心是产业的整合和分流,打造现代服务业,重塑经济空间结构,产业结构靠近中高端,实现经济高增长。在产业结构方面,香港、澳门具备金融、贸易、物流、旅游等优势产业,这对向服务业转型的广东省,有着很好的促进作用。而广东的科技创新能力和战略纵深,也是港澳所欠缺的,可以为大湾区提供绝大部分的本土人才和大部分的市场。粤港澳在此基础上形成以香港为核心的大珠三角金融中心圈,以深圳为核心的"硅谷"创业中心圈,以整个湾区为基础的旅游产业圈,形成具备可持续发展能力和持续吸引力的大城市群。

(三)创新机制

1.以制度创新推动粤港澳地区快速发展。借助联席会议和自由贸易试验区平台开展制度创新,尽管特区制度的优势已经在全国扩散并逐渐弱化,但广东自由贸易试验区依然是全国最具制度创新优势的四个自由贸易区之一,并且在广东自由贸易区的实施方案中明确地写入了制度创新失败的"免责条款",这是激励制度创新的保证。

此外,联席会议制度在粤港澳合作中也发挥着重要作用,在这一框架下开展粤港澳三地合作,存在广阔的制度创新空间。在《大珠江三角洲城镇群协调发展规划研究》以及《环珠江口宜居湾区建设重点行动计划》的研究合作上已经取得了一定的经验和成果。在"一带一路"建设中,粤港澳制度创新方向可以围绕共同服务"一带一路"的主题,在三个自贸片区内可以在项目合作以及金融合作领域摸索经验,为海外开展"一带一路"项目提供共同的"打包方案"。

2.充分发挥改革试验田作用,增创改革新优势。优化公共资源配置,推进统筹城乡、实现经济社会协调发展、跨行政区的综合改革试验区建设,创建充满活力、富有效率、更加开放的科学发展新体制,率先建成比较完善的社会主义市场经济体制。以港深大都市区建设,带动粤港澳大湾区经济合作,支持深圳大力建设全国综合配套改革试验区,支持珠海在政府职能分层管理改革、社会管理制度创新等方面取得新进展。在对外合作、城乡一体化发展的体制机制创新等方面取得新突破。推进广州南沙、深圳前海、珠海横琴等地区金融科技创新先行先试。强化港深在推动湾区科技创新发展中的核心作用,保持港深世界金融中心地位,着力提升粤港澳大湾区自主创新能力与产业竞争力。

3.以创新型政策制度,完善湾区机制。大湾区发展的驱动力很大程度上来自于全球性经济、金融、人才、创新中心的赋能。粤港澳大湾区"9+2"的城市构成,区域内城市的发展优势齐备,香港金融和现代服务业发达,澳门是国际旅游城市,深圳具备成为全球科技创新中心的潜质,珠三角地区其他城市则以高端制造、智能制造、系列制造闻名,通过推动全方位开放与发展,成为未来的全球创新、现代服务、优质资源集聚地。粤港澳大湾区战略的确立,是从全球坐标出发,创新竞争优势,推动湾区在国际化水平、产业结构、城市功能和人居环境质量方面综合协作,成为全球人才聚集地,全球创新创业的活力区和国际型大湾区。

(四)国际优势

1.提升经济国际化水平,扩大开放,推动转型升级。以提升国际竞争力为核心,加强区域合作,优化利用外资结构,提高"走出去"水平,构建规范化、国际化的营商环境,推动全面开放、深度开放、科学开放,加快建立全方位、多层次、宽领域、高水平的开放型经济新格局。最大限度地利用"一国两制"、政策空间优势,以港深为主体,创造出最具活力和国际竞争力的创新机制。

2.规划实施高端战略,扩大湾区辐射功能。粤港澳大湾区东边是海峡西岸经济区,西边是北部湾经济区,北边是广阔的中国城市群,南边是东南亚。内强腹地、外接东盟,有助于重塑周边经济。从区域合作的角度而言,全面推进粤港澳大湾区、珠江西江经济带等跨区域合作,强化对内辐射功能,深化海洋经济合作圈的协同发展。通过充分发挥各类合作平台在促进产业转移中的积极作用,大力合作试验区建设,形成合作发展、联合发展的新格局。粤港澳大湾区将成为21世纪海上丝绸之路的"新支点",成为中国与东南亚、南亚、北非、欧洲各国深化贸易、基础设施投资、公共服务合作以及文化交流的前沿阵地。

(五)错位竞争

大湾区发展的动力机制,很重要的一环即面向"21世纪海上丝绸之路"建设,与其他地区开展错位竞争。从整个亚洲看,粤港澳是贯通亚洲南北的枢纽,是对东南亚和南亚国家发挥外溢效益和辐射功能的重要支撑点。在"一带一路"倡议下,粤港澳区域的发展方向集中向"21世纪海上丝绸之路"靠拢,实现与其他区域的错位竞争,使粤港澳的"区位优势"得到集中凸显。当前,制造业优势已转移至珠三角地区,港澳的强项已转变为专业服务。大湾区致力于实现"珠三角制造基地"与"港澳国际化服务"优势互补,在区域经济一体化进程中实现资源整合,在"一带一路"开辟的新的增长空间内,推动新一轮的区域经济发展。

大湾区内错位发展,优势互补,这是粤港澳地区发挥空间影响,实现新发展和助推"一带一路"的关键。广东、香港在金融领域深入合作,以跨境金融联盟的形式占据未来人民币国际化的制高点。巩固香港服务业优势,促进广东服务业发展,整合三地的知识、技术、人才等创新资源,共同开展高新技术研发,带动广东经济向高端产业发展。在旅游业合作中发挥澳门的特殊作用,助力澳门实现产业多元化,进一步将其经济发展融入三地的一体化进程之中。

(六)以社会参与为核心的配套机制

良好长效的区域合作机制应该具有健全的决策层与执行层、咨询层、监督层等一系列制度框架。建立国家层面的协调机构,把握三地区域一体化发展的大方向和顶层设计,在首脑的非正式会晤形成高层加强沟通达成共识的交流机制的基础上,粤港澳联席会议制度作为一般性的决策制度,将具体的决策进行分解并开展工作部署,基本构建了粤港澳从上到下的决策和执行制度框架。在此基础上,为了保障合作措施的长效性和稳定性还需落实咨询层和监督层的框架安排。粤港澳区域不同的工商业行业组织、社会团体之间建立各种联系制度,加强交流,成立各类专家组提供咨询和建议,完善当前合作中的专业工作组制度,共同提高规划和研究能力以及资源整合能力。同时扩充粤港澳合作联络办公室的职能,负责跟进具体协议和项目合作的进展情况,既可提供项目推进过程中存在的分歧和争端,建立公开的信息发布平台,也可公布合作的进展境况,提高公众的参与度和认可度,进而推动粤港澳区域一体化在社会层面系统全面地耦合。

此外,在粤港澳联席会议制度下,还应该加大各城市间的对口交流和人员交流,在碰撞中寻求利益平衡点,进而在整个制度框架设计下,建立合理的利益协调机制。积极参与产业分工与合作,寻求重大基础设施建设互联互通,生产、服务要素资源便捷流动,实现共享、共建大珠江三角洲优质生活圈的长期发展局面。

第三节 基于宏观治理视域下的区域产业经济发展

一、大湾区产业发展历程

(一)区域产业经济发展层级

大湾区的主要产业形态有制造业、服务业、商业、金融、交通运输和信息业。大湾区的产业城市集群主要分为三个层级:第一层级为香港、广州和深圳。香港特别行政区是东亚地区的金融中心,同时拥有发达的航运业和与之相关的服务业,是资本和商品出入大陆的中转站,在大珠三角地区具有较强的区域影响力。广州和深圳是广东省经济发展的两极,两市经济总量比较接近,居省内前两位,广州市作为广东省的经济、政治、交通中心,各方面都与省内其他城市相联结,深圳市作为经济特区,是改革的前沿阵地,新的改革措施和制度创新从深圳向全省蔓延,同时两市均有较为发达的制造业和服务业,可以在产业上与其他地区形成关联并为其他地区提供生产性服务。第二层级为东莞、佛山两市,佛山市紧邻广州,东莞市与深圳相接,广佛、深莞之间交通便利,经济联系紧密,佛山和东莞市的经济构成主要以制造业为主,与广州和深圳的产业链相对接,实现基于产业分工合作的协调发展,两市在大湾区城市产业集群中的地位仅次于广深,高于其他城市;第三层级为澳门、珠海、中山、惠州、江门、肇庆,这些城市在区域中影响力较低。

(二)产业发展的四个阶段

粤港澳地区抓住中国改革开放和国际生产分工体系调整的重大历史机遇,不断调整其内部产业分工和布局,逐渐成为世界级的制造业生产基地,成为全国市场化程度最高、市场经济机制最完善的地区。改革开放40多年来,粤港澳地区产业分工和布局经历了四个阶段,第一阶段是20世纪80年代香港和澳门的资金和产业向广东省转移,帮助广东初步建立外向型工业体系;第二阶段是20世纪90年代,在改革开放的第二次浪潮中,广东省出现了大批以出口为导向的劳动密集型制造业,大量中小企业如雨后春笋般成长起来,港澳制造业进一步向大陆转移,形成以服务业为支柱的产业体系;第三阶段是21世纪初到2008年金融危机前,中国加入WTO后,广东省出口贸易蓬勃发展,粤港澳地区成为国内对外贸易依存度最高的地区,对外贸易的大发展也带动了港澳航运及相关行业的发展;第四阶段是金融危机后,由于外需持续不足和原有发展方式的不可持续,广东省进入发展的瓶颈期,而港澳的经济发展也由于产业空心化而失去动力,粤港澳地区面临调整产业结构,推动产业升级的艰巨任务。

20世纪80年代初期,受到国家对外开放政策的指引,广东省率先开始了对外开放进程,凭借相对低廉的土地和劳动力价格,吸引港澳资金进入广东,利用其先进的管理和技术,发展外向型制造业,建立了一大批劳动密集型轻工业企业,这一时期的粤港澳产业合作以转口贸易和加工工业领域内的合作为主要特征。到1991年年底,港澳商人在广东省内投资创办的"三资"企业已经超过一万家,"三来一补"企业将近2万家,大约有300万工人在港澳商人创办的企业或工厂中工作。同期,香港塑胶业和电子工业的80%以上,钟表加工业和玩具制造业的90%左右都已转移至珠江三角洲地区,澳门地区也有一部分劳动密集型加工制造业转移到珠三角地区。这一阶段,粤港澳三地的产业结构发生巨大变化。制造业对香港经济的贡献逐渐降低,第三产业呈现出上升势头,服务业产值占总产值的份额大幅提升。澳门的产业结构也经历了类似的发展过程,制造业产值比重下降,服务业产值比重增加。澳门地区的产业构成比较单一,第二产业以纺织、服装业为主体,第三产业以旅游、博彩业为支柱。1978年至20世纪90年代初,广东省的产业结构出现了较大幅度的变化,最显著的变化就是农业人口向其他产业的转移,以及农业占GDP比重的下降,这一时期广东省内第二产业产值占GDP的比重有所下降,但第三产业无论在产出还是在创造就业方面都快速增长。

20世纪90年代,冷战结束开启了新一轮经济全球化和世界范围内的产业转移,东亚地区的产业调整和转移持续进行,20世纪90年代的日本作为东亚地区的"头雁",处于东亚产业链的顶端,是东亚地区产业调整和转移的领导者,是东亚地区国际分工体系的核心,日本在发展高科技、高附加值产业的同时,将本国需要淘汰的落后、低效产业逐渐转移至其他亚洲国家和地区。韩国、中国台湾、新加坡和中国香港等地区经过20世纪60、70年代的高速发展,已具备了一定的经济实力,20世纪80年代开始,这些地区开始推动产业升级和转型,大力培养汽车、造船、机械、电子等资本密集型和技术密集型产业,以及金融、商业服务和航运等高附加值服务业,将原有的劳动密集型工业转移至刚刚兴起的中国大陆和东南亚地区。20世纪90年代初期,中国大陆明确了改革开放的总路线,确立了中国特色社会主义市场经济体制,掀起了第二次改革开放的浪潮,经济发展进入快车道,东南沿海地区涌现出大量民营企业。在此期间,广东省工业和服务业迅速发展,基本形成了以外向型经济为主的现代工业体系。由于本时期广东省对于农业投入不足以及农业用地被过度占用等原因,造成农业生产发展极为缓慢,广东省的第一产业比重有了较大幅度的下降。第二产业在港澳制造业进一步向省内转移的基础上,努力深化改革,大力发展劳动密集型产业,推行股份制试点以及扶持乡镇企业发展,产值稳步回升最终趋于稳定。第三产业发展迅猛,产值持续快速增长,产值比重稳步上升。

香港和澳门在这一时期也经历了深刻的产业结构调整,港澳地区的制造业进一步向大陆转移,制造业在经济中的比重逐渐减小,香港第二产业比重下降。服务业在此期间发展迅速,服务业一直以来都是香港的主导产业,比重长期占据GDP的三分之二以上,20世纪60、70年代,香港凭借开放的经济环境,优越的地理位置成为东亚地区金融和服务业中心。随着中国改革开放,香港制造业逐渐向大陆转移,金融和法律、会计、广告等服务业更是成了香港的核心支柱。同时,航运、物流及与之相关的产业也成了香港经济发展的重要推动力,随着广东省外向型经济的发展,经由香港转口的货物量逐年增加,香港港成为世界上最繁忙的港口之一,极大地促进了航运、物流等产业的发展。

(三)转变经济发展方式,推动产业结构升级

1.推动原有工业向高科技、深加工、高附加值产业发展。坚持自主创新,坚持市场导向与政府推动相结合,坚持工业化与信息化相融合,坚持优势产业集聚,坚持就业结构与产业结构同步调整。努力提高区域一体化程度,增强与香港和澳门的产业优势互补,继续优化产业结构、推动产业升级,以现代服务业和先进制造业为主攻方向,打造现代产业体系。现代服务业方面,重点发展生产性服务业;先进制造业方面,重点发展装备制造业;高新技术产业方面,重点发展电子信息产业;基础产业方面,重点发展能源、交通、水利;优势传统产业重点突出品牌带动;现代农业主要突出提高质量效益。

2.港澳地区产业的优化调整。信息产业成为本时期香港产业结构

调整的重要方向,香港充分发挥有利的基础条件,通过加大对信息产业的投资,推动电讯、传媒、娱乐、出版与互联网等信息产业融合发展,带动产业结构调整,成为金融危机后香港经济复苏的基础和动力。澳门地区的博彩业在产业结构中仍占据重大份额,但在产业结构中所占比例保持基本不变,建筑业则有较为快速的增长,已经取代制造业,成为排名第二的产业,制造业下滑明显,呈现出明显的"非工业化"倾向。针对香港和澳门制造业出现的空心化现象,香港和澳门充分利用制造业转型的契机,大力发展以科技和创新为动力的知识经济,精准定位,将本地区制造业发展成为资源投入少、知识投入多、单位投入回报大的产业,以质取胜。在此背景下,服务业加快转型,由劳动密集型转向技术密集型,或服务业中的劳动密集型工序,特别是后勤部门向外转移。加大力度拓展新型服务业务,致力于发展国际化、专业化程度更高的现代服务业。

3. 外向型制造业发展。在"一国两制"的条件下,粤港澳区域合作是广东省作为内地的一个省份,与香港、澳门两个特别行政区间的合作,由于广东省不具备香港、澳门所拥有的独立关税区地位,加之香港与澳门作为高度开放的经济自由港所实行的"不设防"的经济体系,这就决定了粤港澳合作的着力点在于广东向港澳进一步开放市场。随着"粤港合作联席会议"机制的建立、粤澳合作联络小组的成立、CEPA及其附件的签署和实施,粤港澳的经济合作步入了更高的层次,在此基础上,广东省的外向型制造业进入了全面兴起阶段,省内出口贸易蓬勃发展,粤港澳地区成为国内对外贸易依存度最高的地区。广东省抓住机遇,进一步扩大与港澳在服务业方面的交流与合作,引进资本和先进的理念,带动本省服务业的发展。香港商人在广东大量投资建立商业企业,很大程度上推动了当地服务业的发展。香港和澳门在这一时期一方面加大了劳动密集型产业向广东省转移的规模,集中力量推动地区的产业升级和转型,按照比较优势的原则调整经营的区域布局,实现资源的有效配置。港澳产品以零关税进入内地市场,产品成本大大降低,进而推动传统制造业升级换代。另一方面,广东省出口贸易的快速发展,对带动香港和澳门两地贸易、金融、物流的需求,推动香港的服务业的发展发挥了重要作用。同一时期,香港和澳门的本地生产总值及就业构成中制造业的比重迅速下降,服务业比重迅速上升。港澳的制造业开始由劳动密集型,逐步转变为资本、技术、知识密集型,劳动及资本密集产业中的技术密集度也在提高。以服务业为主体,香港发展成了国际金融、贸易、航运、信息、旅游以及商业服务中心。但港澳在此时期由于把很多劳动密集型产业转移到内地,本地的制造业出现空心化的现象,不利于当地经济的持续稳定健康发展。

(四)产业聚集与专业化

随着粤港澳一体化程度的不断加深,经济上的一体化导致产业集聚程度提升。农副食品加工业、食品制造业、烟草制造业、饮料制造业、纺织业、服装、鞋、帽制造业、皮革、毛坯、羽毛(绒)及其制品业、木材加工及竹、藤、棕、草制品业、印刷业和记录媒介的复制,行业集聚程度变化不明显。家具制造业、造纸及纸制品业、文教体育用品制造业、医药制造业、橡胶制品业、塑料制品业、非金属矿物制品业、金属制品业、通用设备制造业、电气机械及器材制造业、通信设备、计算机及其他电子设备制造业、仪器仪表及文化、办公用机械制造业、工艺品及其他制造业,行业集聚程度有所提升。石油加工、炼焦及核燃料加工业、黑色金属冶炼及压延加工业、有色金属冶炼及压延加工业、化学原料及化学制品制造业、专用设备制造业、交通运输设备制造业,行业集聚程度提升幅度较大。

大湾区专业化指该区域产业与其他地区产业的差异,珠三角内部各城市之间产业差异较小,东西两翼及北部山区内部产业同质化,而珠三角和港澳与广东省其他地区之间存在一定的产业差异。

二、大湾区金融合作与金融一体化

(一)发展阶段

大湾区金融合作不断加深,经历了三个阶段,第一个阶段是早期的"前店后厂"模式下的融资合作,第二个阶段是香港、澳门回归后的"金融产业内部合作",第三个阶段是近期的"共建金融中心圈合作"。金融机构和金融活动不断向香港、深圳、广州三个中心城市集中,同时中心城市之间通过互设分支机构或代表处,加强政府间沟通,使其日益紧密地联系在一起,区域金融一体化程度不断提高。

粤港澳金融合作的第一阶段表现为"前店后厂"模式下的融资合作,这一时期粤港澳地区金融合作主要围绕贸易和产业合作展开。改革开放初期,广东省利用自身区位优势以及作为改革前沿的制度优势,大力发展以出口为导向的制造业,但缺乏资金和金融领域的相关人才,而香港很好地弥补了这一缺陷,为广东省提供了资金和人才,大量香港金融机构利用这一契机进军大陆。这一阶段的粤港澳金融合作主要靠市场力量自发推动,根据三地的资源禀赋和比较优势,形成广东发展外向型制造业,香港为其提供融资和相关金融服务的合作模式。广东省内的金融业在这一时期从无到有,逐步发展壮大,主要得益于粤港之间的金融合作,香港金融机构的入驻带来了先进的公司结构、企业制度、管理技术和理念,为境内金融机构确立了模板,对广东省金融业的发展起到了极大的带动作用。

香港和澳门相继回归后,粤港澳三地在金融合作领域迈上新台阶,合作的深度和广度不断提升。一方面,随着内地经济的不断发展,广东省内金融机构的实力和竞争力逐渐增强,粤港澳金融合作模式也随之发生了新变化,金融合作层次从广东与港澳间筹资—融资的模式提升为金融产业内合作的新模式。具体表现为香港与广东互设金融机构,成立合资银行,大批内地企业赴香港上市融资,内地降低香港银行、保险等金融服务业的准入门槛等。香港利用其金融服务业的比较优势,积极开展内地业务,香港银行、证券、保险等金融机构通过设立分支机构的方式在内地不断扩张,并将一部分业务外包给广东省内金融机构,如汇丰银行在广州和佛山设立电子资料处理中心和花旗集团在广州设立客户运营及服务中心。广东省内金融机构也把香港和澳门作为进军国际资本市场,扩展境外业务的跳板,进入香港有利于这些金融机构进一步开展国际业务和在国际资本市场上筹集资金,提高自身实力,扩大国际影响力。

另一方面,粤港澳三地政府间合作不断加强,港澳的回归使粤港澳三地政府形成了在"一国两制"框架下,同属中央领导,相互独立的新模式。虽然港澳与内地在制度上的差异给交流合作带来一些不便,但总体来说与回归前相比三地间合作的制度障碍已大大减小,三地政府积极沟通,利用签订协议、政策引导等方式,不断推动粤港澳金融合作的发展。在中央的大力支持下,内地于2003年分别与香港和澳门签署了《内地与香港关于建立更紧密经贸关系的安排》和《内地与澳门关于建立更紧密经贸合作的安排》(简称CEPA),而后又在2004年10月、2005年10月、2006年6月、2007年6月和2008年7月、2009年9月签署了六个CEPA补充协议,这两项协议及后续补充协议的签署为粤港澳三地在货物贸易、服务贸易和投资便利化等方面提供了制度保障。其中关于金融服务领域的相关安排降低了金融合作的门槛,为粤港澳金融业的融合发展打下了基础。

粤港澳三地金融业逐渐趋于融合,形成以香港、广州和深圳为核心的金融中心圈。香港由于自身经济体量较小以及内地金融业逐步开放等原因,地区经济影响力渐渐下滑,但仍然拥有与东京和新加坡比肩的国际金融中心地位。香港金融业在制度、规则、人才、管理等方面依旧领先于广州。但广州和深圳金融业腹地广阔,辐射大部分中国南部地区,是与北京、上海并立的中国三大金融圈之一,发展潜力很大。目前,香港、广州、深圳三地的金融业联系日益紧密,趋向融合,逐渐形成广深港一体化金融圈。香港金融市场和大陆之间的联系日渐紧密,沪港通、深港通的开通,消除两地股票市场投资障碍,进一步加强深圳和香港之间的金融联系。香港凭借人民币跨境贸易结算及相关金融活动,已经成为重要的人民币离岸中心。

这一阶段,中央政府及粤港澳地方政府都出台了一系列政策文件,推动粤港澳三地金融业融合发展,共建粤港澳金融圈。2007年,广东省公布了《关于发展金融产业建设金融强省的若干意见》,将其定位为连接香港,辐射珠三角的区域性金融中心。同年,香港政府发布《"十一五"与香港发展行动纲领·金融服务专题小组报告》,把香港定位为"中国的世界级金融中心",提出粤港澳应建立"互补、互助、互动"型金融合作关系。2012年6月出台的《广东省建设珠江三角洲金融改革创新综合试验区总体方案》提出"建立粤港澳更紧密的金融合作机制,推动发展珠江三角洲金融一体化格局""建立起与香港国际金融中心紧密合作,以珠江三角洲地区金融产业为支撑,与广东开放经济体系相适应,具有国际竞争力和全球影响力的重要金融合作区域"。正在进行的广东省前海、南沙、横琴自贸区建设也将粤港澳金融合作列入未来发展的重点领域之中,《广州南沙新区发展规划》《前海深港现代服务业合作总体发展规划》《横琴总体发展规划》中均提出了强化与港澳金融合作的规划内容。

(二)金融产业分布

粤港澳地区是中国国内与北京和上海并立的三大金融圈之一,香港特别行政区是仅次于纽约、伦敦和新加坡的国际性金融中心,区域内金融产业非常发达。粤港澳地区金融业主要集聚在香港、深圳和广州三地,香港作为东亚地区的金融中心,无论在金融业总资产、金融体系存贷款总额、证券市场市值、交易量和融资额等方面都远远高于广州和深圳,其实力足以作为粤港澳地区金融产业的龙头。广州和深圳两市集中了广东省内大多数的金融机构和金融业务,金融业规模在省内处于绝对领先地位,两市在粤港澳金融中心圈中属于地位仅次于香港的地区性金融中心,可以通过区域金融产业的进一步融合与合作对香港金融业起到重要的支撑作用。

三、大湾区产业发展趋势与对策

(一)大湾区产业经济发展现状与问题

当前粤港澳三地具备了一体化发展的基础,但是内地与港澳的边界效应依然明显,主要是制度差异对一体化发展的阻碍。产业合作方面,大湾区存在产业结构、模式同质化问题,产业专业化发展空间较大。粤港澳金融一体化水平较低,香港、广州、深圳的金融集聚水平都处在较高水平,应加强合作避免无序竞争。

1.制度与行政壁垒。粤港澳区域一体化面临的障碍难点主要是与港澳之间的制度壁垒和地区内的行政壁垒。以"一国两制"为大背景,广东、香港和澳门在中央政府统一领导下,分别采用不同的政治经济制度,三地在行政上相互独立,虽然有粤港、粤澳合作联席会议和泛珠三角区域合作行政首长联席会议等相关沟通渠道,但在政策协调和相关制度安排等方面仍然缺乏自主权、主动性和灵活性。粤港澳三地在经济贸易制度方面也存在许多不利于地区间合作的制度安排。货币方面,由于香港实行货币局制度,港元直接盯住美元,而澳门币直接盯住港元,因此实际上港元和澳门币都采用盯住美元的固定汇率制度,近年来人民币汇率改革不断深化,汇率波动幅度变大,这增加了港澳资金进入大陆投资和大陆企业在香港资本市场上融资所面临的汇率风险。人员流动方面,虽然目前两岸人员往来较以往便利许多,但大陆居民仍然不能自由前往港澳工作,港澳居民也不能自由进入大陆工作,劳动力(尤其是低技能劳动力)在两岸间流动仍面临较大阻碍。贸易方面,由于实行不同的关税制度,商品和货物在两岸流转时会由于过关交税产生额外的时间成本和财务成本,另外,不同的关税制度也导致了同一种商品在大陆和港澳的价格差异,造成效率损失。

2.地区产业相对优势弱化。改革开放以来,广东省利用临近港澳的区位优势和在改革开放中的先行地位,吸引港澳资金和企业,发展出口导向的劳动密集型制造业,与港澳形成了"前店后厂"的发展模式。香港和澳门凭借其资金、管理、技术、品牌等优势成为珠三角对外出口的中转基地,将珠三角生产的商品分销至世界各地,而珠三角作为腹地,利用其在劳动力成本上的比较优势,发展加工制造业,逐步形成区域产业集群和区域内分工。目前,粤港澳地区经济开放程度高,市场环境好,劳动力、企业和生产要素高度集中,基础设施完备,区域内拥有珠三角这一世界级制造业基地,和香港这一世界级金融服务中心,已成为我国三大经济区之一和与东京、纽约并立的世界级城市群。但是,经过30多年的发展,粤港澳地区制造业面临环境污染、成本上升、需求缩减等一系列问题,地区产业相对优势出现变化,需要根据新形势重新制定区域分工与合作规划。

首先,粤港澳一体化进程中,应增强对澳门发展的关注,有利于将澳门的经济增长融入三地的一体化进程中。其次,广东与香港在合作中既形成了经济联系的融合,也出现了经济发展层次的趋同。因此,粤港澳三地必须继续作出重大调整,挖掘新的制度优势、比较优势和区位优势,提升一体化程度,才能激发内部潜在的新的增长动力,释放新的区域增长空间。

(二)产业发展前景

1.大湾区四大产业区。大湾区未来将形成四大主体产业区域:香港金融业与现代服务业中心区,澳门世界级旅游休闲中心区,珠三角现代产业核心区,广东省内东西两翼及山区产业转移区。香港凭借资金、技术、制度、管理等方面的比较优势,继续充当粤港澳地区金融和服务业中心的角色,为其他地区提供引领。澳门继续保持国际旅游休闲中心地位,并与珠海等珠江西岸城市共同打造现代休闲旅游服务产业。

2. 珠三角地区三大经济圈。以广州、深圳、珠海为核心,形成广佛肇、深莞惠、珠中江三大经济圈。广佛肇经济圈重点推进发展现代服务业和以装备制造为重点的先进制造业;深莞惠经济圈着力推动现代服务业、创新型产业和以新型战略产业为核心的装备制造业;珠中江经济圈重点布局发展以重大成套装备为核心的先进制造业,培育相关现代服务业,依托澳门发展区域休闲旅游业。广佛肇经济圈内部,广州市作为国家中心城市,以优化提升为主要发展方向,增强高端要素集聚、文化引领、科技创新和综合服务功能,突出发展服务型经济。大力发展先进制造业和现代服务业,重点发展总部经济、商务会展、金融服务、信息服务、创意产业等各类现代服务业,建设国际商贸中心。重点发展先进制造业、高新技术产业,提升产业发展能级,带动周边区域共同发展。佛山市作为广佛都市圈的重要组成部分,重点发展现代化装备制造业并建设区域生产服务中心和物流中心。肇庆市重点发展电子信息、生物工程和机械仪表等高新技术产业,同时作为广东的商品粮基地和农副产品加工基地,重点推进现代化农业建设,并利用全国历史文化名城和国家风景旅游城市的地位,发展旅游休闲业。

深莞惠经济圈内部,深圳市以优化提升为主要发展方向,发挥国家创新型城市的辐射带动作用,建设国家战略性新兴产业基地,发展高新技术产业、文化创意产业。打造前海深港现代服务业合作区,建成亚太地区生产性服务业中心。同时利用科技优势和现有产业体系,发展先进制造业和高新技术产业。通过建设客运和货运枢纽提升综合服务功能,发展现代物流业。东莞市未来将成为全国现代制造业中心和区域性商贸流通中心。重点发展高新技术产业、战略性新兴产业、知识密集型现代服务业,通过整合资源,发展综合性加工工业、精细化工产业、装备制造业,依托虎门港、京九、广深铁路枢纽,发展物流业、石油化工储运业,建设区域性综合型加工业物流基地。惠州市作为重要的电子信息产业和石化产业基地、粤港澳地区旅游休闲度假基地、珠三角向粤东及赣南、闽西地区辐射的物流中心和交通枢纽,未来重点发展电子产品制造业和休闲旅游业,打造石化产业基地,建设区域物流中心。珠中江经济圈内部,珠海市充分发挥经济特区和区位优势,与澳门共同建设国际休闲旅游产业带,发展休闲娱乐、高新技术产业与新型服务业等产业。以高栏港为依托,重点发展化工、装备制造、能源、临港加工以及现代港口物流业。以珠海机场为依托,重点发展航空制造、航空物流、航空服务产业。把横琴新区建设成与港澳联系紧密的现代服务业基地,文化产业及创意中心,科技创新和产业升级先行区。中山市作为先进制造业基地和珠江口西岸重要的服务业基地,通过产业创新升级,重点发展高新技术产业与临海装备制造业,以临港工业区为主要载体,建设临海装备制造业基地,依托现有资源,发展产业集群升级创新示范基地。江门市是以高新技术产业、先进制造业和对外贸易为主的沿海港口城市。重点发展以临海装备制造、汽车零部件制造为主的先进制造业,推进临港服务业和滨海旅游业为主的海洋经济向好发展。

3.香港金融及商业服务中心。香港特别行政区目前面临产业竞争力减弱,制造业空心化等问题,急需进行调整和改变。金融及商业服务行业仍将作为香港未来产业发展的核心,同时推进港口和机场建设,发展航空和航运业,把香港建设成地区物流枢纽和东亚地区的进出口贸易中心,此外还要大力推进旅游景点和旅游设施建设,维持香港作为世界级旅游目的地的地位。

4.澳门特色旅游文化中心。澳门特别行政区土地资源有限,难以承载过多的产业,因此澳门需要依据自身特点,打造以博彩旅游业为主体,以会展、文化创意产业为辅助的"1+1"特色产业模式。博彩业作为澳门的支柱产业,贡献了一半左右的地区生产总值和大约70%的地区财政收入,所以澳门未来的产业发展仍需以博彩业为主体,在此基础上强化、延伸配套服务,结合文化体验,发展特色旅游,同时注意培育高端休闲旅游产业,及其相关的游艇、游轮和奢侈品展示与销售等行业。

(三)大湾区发展对策

粤港澳三地政府均面临严峻的结构转型和内部平衡发展问题,推进粤港澳区域经济一体化发展,是粤港澳合作发展路径的内在要求和破解三地当前发展问题的重要手段。

1. 以经济一体化为目标,全面深化各领域合作。大湾区区域经济合作一体化的发展定位,存在广泛共识。21世纪以来,国家及广东省的发展策略一直是在"互利共赢,深化粤港澳合作"的原则下,通过落实内地与港澳更紧密经贸关系的安排(CEPA),来促进三地经济、社会、文化、生活等多方面的对接融合。港澳政府态度积极,但粤港澳三地的一体化进程进展缓慢,存在一定的阻碍因素,主要是制度、行政壁垒。

2. 消除利益隔阂,加强互利融合。大湾区合作包括教育、科技、基础设施建设等多个领域,远超自由贸易协议下发展经贸关系的内涵。但当前合作的内容仍然偏向招商引资、基础设施建设等低层次"硬合作",社会层面的环保、福利合作,制度层面的政策协调、法规协调、资格互认等深层次的"软合作"较弱。各级政府虽然认同加强合作来促进发展的理念,但是对区域一体化并没有明确的目标和共识,从实践来看长期处于"消极一体化"的状态。这与港澳在"一国两制"下"小政府,大市场"的传统和"本位主义"的思维定式有关。要充分认识到区域一体化是三地的共同事业,作为一个具有多层次不同特色的区域城市体系,其中的每个地区及城市都具有各自的优势和劣势,要协调利益冲突,强化合作发展。在平等、互利、共赢的基础上,充分调动区域内各成员的资源与力量,达成区域一体化发展的共识和目标,才能有效解决大湾区深化合作面临的各项阻碍。

3. 加强制度、机制的对接协作。内地与港澳存在制度层面的差异,在"一国两制"背景下,这种差异也将长期存在。粤港澳区域经济一体化是广东走向世界及与国际对接的重要手段,也是港澳提升自身国际竞争力的契机。要用全球化的视野及国际合作的基本规则来谋划,本着立足世界、相互借鉴、共同创新的原则,消除、解决粤港澳三地间的合作障碍和利益矛盾,可为实现"利益共同体"塑造良好运营环境并开展合作,也可为全国在高水平的层面上实行与国际对接做有益的探索并推广经验。

从经济一体化的视角看,粤港澳大湾区已经从初期的功能性整合向制度性整合转变,从经济合作向全面融合发展转变。制度性问题已经成为制约一体化发展的瓶颈。粤港澳区域经济一体化具有特殊性,涉及"一国两制"、三个关税区和货币体系,以及各节点城市开放层次和发展层次的空间差异性,这些问题不仅在理论上复杂敏感,而且在实践上任何地方政府都难以有力发挥主导协调作用,必须构建国家层面的高效协调机制,在充分发挥三地政府积极性、自主性的前提下,由中央政府协调各方的诉求和利益冲突。

4. 以大湾区建设为起点,落实区域发展规划。粤港澳大湾区建设是一个外向型、开放型的发展战略,相比以往的粤港澳合作模式,粤港澳大湾区不是"前店后厂"的借船出海的发展模式,而是并船出海的合作模式。以大湾区建设为起点,落实区域全面发展规划,才能推动粤港澳区域率先形成最具发展空间和增长潜力的世界级新经济区域、更具综合竞争力的世界级城市群、亚太地区最繁荣发达、最有活力的经济区、现代流通经济圈及重要的经贸合作平台。2018年两会《政府工作报告》明确提出:出台实施粤港澳大湾区发展规划,全面推进内地同香港、澳门互利合作。相比2017年《政府工作报告》提出的"研究制定粤港澳大湾区城市群发展规划,发挥港澳独特优势,提升在国家经济发展和对外开放中的地位与功能",意味着"粤港澳大湾区"正式上升为与京津冀协同发展、长江经济带对等的国家区域战略,成为粤港澳地区的空间经济发展战略。与纽约湾区、旧金山湾区以及东京湾区相比,粤港澳大湾区不仅是一个独特的区域合作,更是在不同政治经济体制下运行的"中国模式"。

第二章 粤港澳大湾区区域产业经济发展实践分析

大湾区未来发展主要有四个方向:一是发挥对广东省内其他区域的经济辐射作用;二是深化粤港澳三地的全面合作,以经济一体化为目标抱团发展;三是利用"一国两制"下港澳制度优势,错位发展;四是立足"一带一路"建设,辐射沿线的东盟自由贸易区和中国台湾地区。随着粤港澳三地政府共同编制的《粤港澳大湾区发展规划纲要》的提出,标志着以大湾区建设为中心的三地发展规划正式成为粤港澳三地的合作纲领,粤港澳区域的合作将进一步加深。粤港澳地区要以大湾区建设为起点,落实更为全面的区域发展规划,将顶层战略设计和市场路径结合起来,调整和优化发展规划思路。

第三章 广西北部湾经济区产业经济发展研究

广西北部湾经济区位于我国沿海西南端,形成了由南宁、北海、钦州、防城港四市与玉林、崇州两个物流中心构成的"4+2"格局。广西北部湾经济区不仅具有陆地与海洋双重发展空间,更是建设西部陆海新通道的关键。北部湾经济区如何响应国家总体安全观,实现对空间资源的合理规划,通过相关政策对区域发展进行引导是国家宏观治理思想的重要组成部分。

第一节 广西北部湾经济区产业经济发展现状与问题

一、广西北部湾经济区产业经济发展现状

广西北部湾经济区的发展受地缘政治影响较大,作为西部陆海新通道的贸易物流门户,北部湾经济区独特的沿边沿海区位特征和优势聚焦于东南亚诸国,北部湾经济区的地缘特征、资源优势与目前经济发展现状决定了在西部陆海新通道建设过程当中,能够通过重点产业项目建设与重点产业园区开发、平台搭建、"北钦防"产业协同一体化发展以及海铁联运、港口型国家物流枢纽建设不断提升北部湾经济区高水平开放与高质量发展。

十九大报告中"坚持海陆统筹,加快海洋强国建设"的思想强调了海洋与陆地间的空间互动。很长一段时间内,我国发展主要集中在陆

地,因而海洋发展水平相对比较低。随着中国经济的发展,海洋空间的探索将成为西南地区发展的重要领域。随着"一带一路"倡议的提出,进行陆海统筹,发挥出陆海复合型地区统筹发展的资源优势已然提上日程。在国家政策统筹下,广西壮族自治区政府自2013年开始先后发布支撑广西北部湾区发展的政策规定、发展规划和口岸通关一体化等政府文件以促进广西北部湾区经济开发开放、产业协调发展、港口基础设施与物流枢纽建设、口岸通关便利以及北部湾区内部一体化进程,具体政策分类及发布时间见表3-1所示。

表3-1 北部湾区发展政策及时间一览

	物流枢纽及陆海新通道建设	对外经贸	产业协同发展与产业链构建	经济带发展规划	发展升级规划	城市群一体化发展
2021	《广西打造国内国际双循环重要节点枢纽行动方案》;《广西建设西部陆海新通道三年提升行动计划(2021~2023)》	《广西加快对接RCEP经贸新规则若干措施》	《北钦防一体化产业协同发展限制布局清单(工业类2021年版)》;《广西壮族自治区人民政府关于以中国(广西)自由贸易试验区为引领加快构建面向东盟的跨境产业链供应链价值链的实施意见》;《支持北海市发展邮轮产业的意见》			
2020	《广西加快发展向海经济推动海洋强区建设三年行动计划(2020~2022年)》	《广西壮族自治区人民政府关于促进新时代广西北部湾经济区高水平开放高质量发展的若干政策》				
2019						

续表

	物流枢纽及陆海新通道建设	对外经贸	产业协同发展与产业链构建	经济带发展规划	发展升级规划	城市群一体化发展
2018				《广西北部湾经济区升级发展行动计划》		《北部湾城市群发展规划广西实施方案》
2017	《广西加快推进中新互联互通南向通道建设工作方案（2018～2020年）》《自治区发展改革委推动交通融合发展三年行动计划工作方案》；《关于推动物流业降本增效促进我区物流业健康发展若干政策的意见》				《西部大开发"十三五"规划广西实施方案》	
2016					《广西北部湾经济区"十三五"规划》	
2015						
2014			《中国—马来西亚钦州产业园区建设改革创新先行园区总体方案》	《珠江—西江经济带发展规划》		
2013				《关于推动广西北部湾经济区国家高新技术产业带建设的实施方案》		《广西北部湾经济区同城化发展推进方案》

2020年12月广西壮族自治区政府发布了《广西壮族自治区人民政

府关于促进新时代广西北部湾经济区高水平开放高质量发展的若干政策》在北部湾区产业发展、港口物流体系建设、面向东盟金融开放、资源要素支撑和人才队伍建设方面提出了27条58款举措。正是在相关政策的引导与支持下,北部湾经济区在新冠肺炎疫情重大影响之下,逆势而起,在港口吞吐量、产业集群规模、西部陆海新通道建设、港航基础建设等方面取得瞩目成就,生产总值保持稳步增长(见图3-1)。尤其是港口建设方面,2020年完成货物吞吐量约3亿吨,增长17%,全国排名从2018年的第14位上升到第11位,超越深圳、湛江,成为华南仅次于广州港的第二大港口;完成集装箱吞吐量505万标箱,增长32%,增速全国沿海港口第一,排名从2018年的第15位上升到第10位,首次迈入全国十大沿海港口行列。目前北部湾经济区(六城)的生产总值在广西壮族自治区的区域经济发展中位居第2,2019年北部湾经济区实现地区生产总值10305.09亿元,是桂西资源富集区生产总值的3.56倍,珠江—西江经济带的八成(珠江—西江经济带共7座城市)。

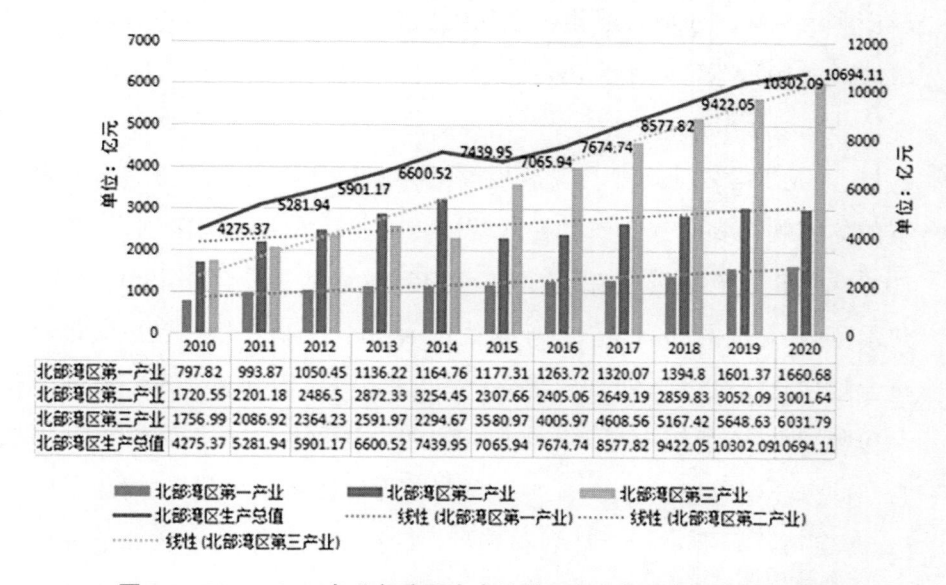

年份	北部湾区第一产业	北部湾区第二产业	北部湾区第三产业	北部湾区生产总值
2010	797.82	1720.55	1756.99	4275.37
2011	993.87	2201.18	2086.92	5281.94
2012	1050.45	2486.5	2364.23	5901.17
2013	1136.22	2872.33	2591.97	6600.52
2014	1164.76	3254.45	2294.67	7439.95
2015	1177.31	2307.66	3580.97	7065.94
2016	1263.72	2405.06	4005.97	7674.74
2017	1320.07	2649.19	4608.56	8577.82
2018	1394.8	2859.83	5167.42	9422.05
2019	1601.37	3052.09	5648.63	10302.09
2020	1660.68	3001.64	6031.79	10694.11

图3-1 2014—2020年北部湾区生产总值及三大产业产值发展变化图

资料来源:《广西统计年鉴》及2020年广西壮族自治区政府统计公报

(一)第一产业发展现状

在第一产业方面,北部湾经济区第一产业产值占广西三产业总值的比重从2017年到2019年始终呈现明显的上升状态。但2018年到2019年有一个明显的下降趋势。北部湾经济区的产业布局以石化、钢铁、林浆纸、电子、能源、生物制药、海洋产业为主,大部分属于第二第三产业,而第一产业中的特色农业为桉树、甘蔗、木薯、桑树的种植,北部经济区六市的甘蔗播种面积从2013年开始逐年下降,从2013年的82.46万公顷下降到2019年的69.76万公顷,甘蔗种植面积也从2013年的32.98万公顷下降到27.26万公顷;而蔬菜种植面积则从2013年的35.53万公顷上升至2019年的41.21万公顷。值得一提的是,北部湾经济区的海洋第一产业保持稳定并存在进一步发展的巨大空间。北部经济区水产品产量从2013年至2019年稳定保持在近500万吨每年。

北部湾区的现代农业发展目前正在稳步推进。北部湾区通过陆海结合的突出优势,依托产业发展政策,积极建设海陆现代农业产业与海洋产业示范区。建成合浦县国家现代农业示范区和银滩南部海域国家级海洋牧场示范区两个突出示范区。合浦县已经成为自治区、市、县、乡镇共四级示范区,以现代规模化农业种植业(水稻、豇豆、蔬菜、甘蔗、荔枝、火龙果等农业产业),发展规模化、标准化种植与新产业融合业态下的休闲观光农业。合浦县在此基础之上坚持农业示范区创设,截至2020年共建设五星级自治区级示范区13个(合浦县桂台鲔丰渔业现代化示范区、合浦县和润肉鸽产业现代化示范区、北海市银海区凤集蛋鸡产业现代化示范区为2021年建立)。银滩国家级海洋牧场示范区则于2019年建立,在海域内部采用规模化渔业设施和系统化管理体制,利用自然的海洋生态环境,将人工放流的经济海洋生物聚集起来,对鱼、虾、贝、藻等海洋资源进行有计划和有目的的海上放养。海洋牧场能够切实保护和增殖渔业资源、修复水域生态环境。银滩海洋牧场示范区目前是国家86个海洋牧场示范区之一,投资总额达到1718.983713万元,投放可畜养人工鱼礁1276座,全部礁体总体积7.5614万立方米,项目区共增殖放流恋礁性鱼类11.6823万尾、虾苗1678.267万尾、马氏珠母贝55.4524万只、江蓠4087.63公斤。

(二)第二产业发展现状

北部湾第二产业发展持续向好。目前北部湾区包含电子信息产业、石油化工产业、冶金与有色金属产业、食品加工、造纸和木材加工、能源、设备制造、生物医药健康等第二产业核心产业,形成了较为完善的第二产业布局且借助于我国与东盟的深度合作以及陆海新通道的不断完善,第二产业产值与发展势态向好。其中钦州石化产业、防城港钢铁基地、广西生态铝基地、华立东兴边境深加工产业园区、恒逸高端绿色化工化纤一体化项目、桐昆北部湾绿色石化一体化产业基地、玉林正威新材料产业基地等重工业产业项目发展稳中有进,2019年上半年北部湾经济区12个重点产业园区共完成总产值3347.33亿元;2019年重工业项目投资在三大产业当中位居首位,共40项,其中有百亿产值项目9项,占总项目比72.73%,"双新"项目47项,占全区项目的41.23%。预计上文所提到的项目完全建成投产后,未来北部湾区第二产业将会对整个北部湾经济做出更多贡献。

在第二产业的发展定位上,随着劳动密集型产业向发展中地区转移的速度明显加快,广西北部湾经济区抓住这种发展趋势和资源政策等优势,提升本地区重化产业水平。国际工业化进程经验表明,重化工业是一个地区工业发展的必经阶段,针对广西北部湾经济区陆海复合型的区位特点以及在此基础上的资源情况,在全球化背景下的产业发展定位注重抓住国际与国内的产业转移机会,深化分工与合作以及在此基础上的产业空间联动,增强对西南腹地和东南亚、南亚的辐射,推动产业和经济的快速发展。在此基础上依托区内港口资源增强重化工业的规模与集聚,使之成为拉动经济增长的引擎,带动广西壮族自治区经济进入新一轮的快速增长期。

(三)第三产业发展现状

在"十四五"计划中广西壮族自治区政府加强了广西北部湾经济区旅游业和服务业也就是第三产业的政策支持与引导,体现出了政府宏观调控和资源配置的重点。第三产业在北部湾区三大产业当中发展是最快的,在三大产业当中目前比重最高。第三产业持续向好的势头与北部湾区旅游产业发展密不可分。旅游业从2010年的第三产业收入占比27.29%发展到2016年的53.84%,占北部湾区第三产业生产总值的半数以上。北部湾区的海洋旅游、文化旅游都有突出成绩。涠洲岛海岛陆地面积为26.88平方公里,是中国最大、地质年龄最年轻的古火山海岛。涠洲岛南湾鳄鱼山于2020年12月正式被列为国家5A级旅游景区,2021年一季度游客超18万人次,仅3月份便有10万人来到涠洲岛体验海洋旅游氛围,涠洲岛观光海域范围内海水清澈、可见度高,适宜开展帆船、游艇等海上活动,周边住宿餐饮配套设施齐全,提供优秀的基础服务与个人消费服务,有效延长第三产业产业链;文化旅游方面,北部湾经济区承载着壮族先民骆越人文化传承的"左江花山岩画景观"于2016年7月被列入《世界文化遗产名录》,成为我国第49处世界文化遗产,具备突出的人文景观价值。凭借北部湾经济区依托涠洲岛海洋旅游与花山岩画世界文化遗产大力发展旅游业及相关服务业,获取了突出的经济成效。

(四)北部湾区特色海洋产业发展现状

前文已经对北部湾区海洋渔业、滨海旅游业两种基础产业类型上属于一、三产业的海洋产业有所提及,但由于海洋产业在产业经济学中已自成一系,因此需系统性地对北部湾区海洋产业发展状况进行描述与分析。海洋产业包含海洋渔业、海洋油气业、海洋矿业、海洋盐业、海洋化工业、海洋生物医药业、海洋电力业、海水利用业、海洋船舶工业、海洋工程建筑业、海洋交通运输业、滨海旅游业几大板块。目前北部湾地区这12个产业板块中8大产业板块已经初具规模。根据《2017中国海洋年鉴》显示,北部湾区海洋渔业、海洋盐业与海洋交通运输三大传统海洋产业在2016年总产值就达到了990.79亿元,占广西壮族自治区海洋产业总产值的41.27%。2006年北部湾区海洋产业总产值仅612.3亿元,到2016年已达2400.7亿元,10年时间翻3.92倍,平均每年增速在15%左右。北部湾区海洋产业比例结构在2016年为30∶27∶43,二、三产业尤其是第三产业占比较高,产业结构优化效果明显。在具体的产业分布方面,海洋化工产业主要分布在湛江、茂名;海洋交通运输主要分布在茂名、钦州;海洋渔业分布在海南海口、临高、昌江、广西北海等市县;滨海旅游则以北海为主。目前的北部湾区海洋产业虽发展较早且规模较大,但根据产业结构来看仍处在向海洋二、三产业过渡阶段。

二、广西北部湾经济区产业经济发展存在的问题

广西北部湾经济区地处华南、西南和东盟经济圈的叠加处,是我国西部地区仅有的沿海区域,独特的海陆结合的区位优势凸显了其经济发展中的战略地位。但从广西北部湾经济区所处的环境来看,在区域经济一体化进程加快发展和我国市场经济体制不断完善的情况下机遇与挑战并存。在国家发展战略规划下,逐步实现其功能定位。但与此同时也面临着各层面的挑战。

(一)产业布局不够清晰,产业融合程度较低

城市工业结构和工业布局定位不明确,产业布局重复且功能基本雷同,从而导致经济区整体资源的有效利用和分配不合理,妨碍了产业规模效益的发挥。并由此更加促使了各城市的各自为政和无序竞争,降低了经济区的整体竞争力和区域协调合作能力,没能形成经济区内有效的联动和互补机制。在广西北部湾经济区发展的过程中,尽管中央政府大力推动政府层面的合作,但合作仍然存在突出的问题,例如缺乏有效的、顺畅的合作机制,更重要的是区域内部的制度差异以及由此导致的跨境要素的流动性障碍极大地阻碍了区域合作。就区域合作而言,如何突破制度障碍,是一个极大的挑战。而制度障碍带来的要素流动障碍和在某些领域仍然存在同质竞争和资源错配,同样制约了广西北部湾经济区的协同发展,探索要素自由流动,提高地区资源和要素的配置效率,是广西北部湾经济区发展面临的另一个挑战。

另一方面,自古以来地域上的封闭性导致了地方政府和企业的发展观念不够开放,形成各自为政、不和其他城市区域交流互助的保守思想。此外各城市中企业之间的开发合作意识不强,缺乏战略合作眼光。在社会化分工高度发达的今天,依然存在着分散经营、各企业封闭运作的现象。由于各自城市的利益问题很难协调行动,如果不能有效地建立协调机制,那么城市之间的人才、资金流、物流、信息流跨城市流动和对接协调将难以进行。由于建立跨行政区的合作协调机制难度大,地方保护意识浓,因而我国的改革试验区、自贸试验区建设,均未突破省级行政区划界限,未形成双赢甚至多赢的竞合关系。同时由于长期的发展不均衡,导致东部沿海等前期发展较好的省份凭借区位优势和发展优势,对区域内的资源要素产生了强大的吸引,从而导致区域创新的过程当中出现"两极分化、强者恒强"的马太效应。

(二)陆海产业联动不足

陆海复合地区的地缘优势在于将陆地空间资源与海洋空间资源实现最优整合以实现最大化效益。目前陆海产业的一、二、三产业之间存在强关联、强互补的经济特性,如表3-2所示。由于海洋产业的形成即陆地产业在海洋环境下对海洋资源产业化利用,因此二者之间存在密不可分的有机联系,体现在海洋产业的内容、结构、主体等方面均与陆地产业有重合和交集。因此,目前北部湾经济区迫切需要通过产业布局的整合将陆地产业与海洋产业对应的产业活动深化联动。然而目前北部湾经济区的海洋产业与陆地产业发展步调并不一致,且海洋产业的产业结构相较于陆地产业而言不清晰、不完整,基于这样的问题,必须思考如何更好地将陆地产业组织及产业生产能力向海洋产业延伸,促进海洋产业资源禀赋与陆地产业形成互补的格局以及强化二者之间的经济关联属性,促进陆海产业在联动基础上的共同发展。

表3-2 部分陆地及海洋经济活动关联关系[①]

	陆地产业	海洋产业及经济活动
第一产业	农业	海水灌溉农业、海洋植被种植
	林业	红树林等海洋经济作物种植
	渔业	海水养殖、海洋捕捞
第二产业	采矿业	滨海砂矿、深海采矿
	制造业	海洋船舶、海洋工程装备制造
	化工业	海洋化工
	电力工业	海洋能源产业
	石油天然气业	海洋油气开采与利用
	食品加工业	海洋食品加工
	建筑业	海洋工程建筑
第三产业	交通运输业	海洋交通运输
	邮电通信业	海底电缆铺设与使用
	商业、餐饮业	滨海餐饮及住宿
	地质勘探业	海洋地质勘探、测绘
	旅游业	海洋旅游
	卫生、体育、社会福利等	海上冲浪、帆船、潜水等体育运动及相关医疗健康保障

(三)政策供给问题

广西北部湾经济区的经济增长的支柱产业是第三产业,"十五"计划中政府也致力于对旅游业和服务业的产业引导,也是政府宏观调控和资源配置的重点。广西北部湾经济区第一产业结构并不稳定,作为基础产业的农业发展首要任务应该是调整农业的内部结构。随着第一产业从业人员的逐渐减少,而第二产业的吸收能力相对较弱,相当数量的从业人员转而投向第三产业。产业政策重点分别是:针对第一产业

[①] 戴桂林,刘蕾. 基于系统论的海陆产业联动机制探讨[J]. 海洋开发与管理,2007(6):87—92.

的政策是坚持把发展现代农业、生态农业作为核心地位,积极发展农产品精深加工,在水利化、机械化和信息化上予以政策性支持;针对第二产业的政策是重点发挥沿海港口优势,充分利用市场和资源的优势,加快完善产业布局,在沿海规划建设高起点高水平的现代加工制造业体系并培育面向国际的品牌产业;针对第三产业的政策是坚持产业化、市场化和社会化方向,积极引导拓宽领域扩大规模以全方位提高服务业现代化水平。因此产业政策的重点主要落在了安全与对外开放上面。

三、广西北部湾经济区产业经济发展对策研究

(一)加快基础设施建设,推进陆海联动发展

如何针对陆海复合型地缘特征进行资源整合加速产业发展离不开相关基础设施的建设,但是基础设施建设的时间和规模等成本投入的体量都是巨大的,因此需要借助国家的政策力量,体现出我国制度优势,集中力量分时期分区域进行相关产业发展设计并优化与之相对应的基础设施建设,实现统筹推进陆海资源联动发展。在具体的发展问题上,需要依据前文所提到的二者关联互补的性质进行开发。北部湾区的海洋经济发展应当借助目前陆地经济产业发展的规模优势、主体优势和配套设施优势,以陆地产业与海洋产业交界的海岸区域为落脚点,强化陆海资源互补和交换,建设陆海资源交换通道。具体应当从两个方面入手:一方面,通过具备发展优势的北部湾区陆地产业集群为海洋产业发展提供思路、人才以及资金支持,通过产业布局调整将已近成熟的陆地产业以海岸为支点逐步向海洋推进;同时应当将海洋第一产业产品送至陆地产业中进行深加工、再加工,深化其附加价值,进而提升北部湾区陆海产业在资源、产品、技术、人才、科技、服务等多方面的沟通及互补,推进陆海产业链条延伸。

(二)加快优势转化,推进产业集聚

广西北部湾经济区区位优势,产业政策发展优势以及载体优势还未全部转化成为推进产业发展的势能,针对这一短板加快重点产业园区建设,扎实推进产业发展各载体基础设施建设和相关产业政策的制定和修正。集中立法促发展,加快推进重化产业建设,优化产业结构,发挥出陆海复合型地缘优势,加快构建出海出边国际通道。尤其要发挥港口产业集聚区的陆海复合特性,提升港口产业集聚区在陆海产业联动、产业集聚当中的支柱性作用。由于海洋产业与陆地产业均需要依靠港口产业集聚区所提供的基础设施、加工业集聚性效应以及陆海运输枢纽功能来实现自身产业价值,因此突出港口产业集聚区的运输、初加工、深加工、市场服务、销售等一体化功能成为提升北部湾区产业集聚和陆海产业优势互补共进的关键点。北部湾区可以发挥港口产业集聚区的节点作用,提升陆海产业链各个节点上企业横向和纵向的关联,将海洋初产品集中至港口产业集聚区进行就地加工、包装、冷链运输等,运输环节则能够充分利用海陆双通道,提升陆海产业链的价值整合。

(三)强化以人为本,加强产业专业人才培养

充分加强北部湾区陆海产业链内部的知识技术共享互动。技术关联是产业关联当中的重要部分,由于海洋资源开发与陆地产业在技术上有大量共性但也存在自身特性,通过将陆海产业的各个模块有机组合并提升产业链各环节的知识整合来共享产业发展的知识技术与相应成果。目前北部湾经济区陆地产业相关人才供给相对较为充分,应当进一步以广西壮族自治区高校、研究机构等为依托,加快培养海洋产业人才,突出整合海洋一、二、三产业知识技术,建立完备的海洋产业人才培养模式。以滨海旅游这一海洋第三产业为例,目前北部湾区的滨海旅游链已经形成了基本的智慧化布局。选择北海等海洋旅游的消费者在预订环节可以通过App查看旅行社或滨海旅游相关产业商家(餐饮、住宿、游玩项目)并进行线上预订,可自行规划路线、交通工具和参观的景点以及娱乐项目等,也可以通过当地具备滨海旅游线路规划资质的

旅行社选择自身感兴趣的线路和游览方式。以线上旅游 App 为平台,能够将滨海旅游产业链的各个主体联结并实现线上信息、数据等共享,同时对于收集和管理消费者信息以进一步制定产业发展规划也有突出作用。因此,就需要培养具备线上 App 设计和维护、App 活动设计和运营、线上数据库管理等相关人才。

第二节 广西北部湾经济区产业经济发展动力机制研究

广西北部湾经济区在"十三五"时期,对接中央五大发展理念,对接习近平总书记关于广西发展的"三大定位",对接"一带一路"倡议、中国—东盟自贸区以及中国—中南半岛经济走廊和澜湄合作,对接泛珠三角合作,推进广西北部湾经济区进一步改革发展,实行产业升级,实现互联互通,拓展开放合作升级,全面推进自贸试验区发展,助力改革创新,推动广西北部湾经济区升级发展。广西北部湾经济区是中国西南陆海产业的结合体,处于中国—东盟自由贸易区、大湄公河次区域、北部湾经济合作区、泛珠三角经济区、中越"两廊一圈"、西南六省区市协作等多个区域合作交汇处,东连珠三角、南拥北部湾、背靠大西南、面向东南亚,广西北部湾经济区是中国沿海与东盟国家进行陆上交往的枢纽性区域,是促进中国—东盟进行全面合作的重要桥梁和基地,区位优势以及战略地位突出,发展潜力巨大。

一、宏观战略部署助推

伴随着经济全球化发展以及区域一体化进程的不断推进,在总体把握我国对外开放新格局和充分认识到西南地区重要战略价值的基础上,"一带一路"倡议与中国—东盟"一轴两翼"布局的推进都极大促进了具有陆海复合型地区地缘特征的广西北部湾经济区进一步的发展。并希望在中国—东盟博览会、中马钦州工业园区、北部湾经济合作论坛等现有双边平台基础上,进一步扩大与东盟国家的经济合作关系。旨在通过推动与东南亚的密切区域间海上贸易和港口合作,从而将西部广大省份与东盟国家连接起来,成为对外发展的区域枢纽。

(一)"一带一路"倡议

作为古代海上丝绸之路的发源地之一,"一带一路"倡议的推广可以极大地促进广西以及广大中西部内陆地域与南亚、东南亚的贸易往来。通过广西北部湾经济区的建设可以促进跨区域政府间的协作治理,推进治理模式的科学性与规范性发展。

(二)中国—东盟自由贸易区建设

自1999年中国—东盟自由贸易区的倡议提出以来,建设进程不断加快,随着中国—东盟自由贸易区的向前发展,框架下的次区域合作也进行了对应的完善。广西北部湾经济区作为中国—东盟自由贸易区的核心发挥着重要的桥梁纽带作用。作为西南地区的陆海通道之一,扩大与东盟国家的合作空间,将资金、技术和人才等要素科学合理地进行组合以实现区域发展的最大化效应。

(三)西部大开发战略部署

作为21世纪初以来的西部大开发新的战略部署中重要的组成部分,广西北部湾经济区获得了国家重要战略性政策支持。这也体现出了统筹发展中的实现区域协调发展的目标,政策涵盖土地使用与开发,基础设施与公共服务建设,以及财税投融等,以北部湾经济区的发展助力西部大开发战略部署。

二、广西北部湾经济区产业发展的动力机制探索

将广西北部湾经济区的发展提升为国家发展战略的高度离不开地区本身的内部驱动力优势,下图对区域内可以得到更好发展的动力机制进行了梳理分析。如图3-2所示。

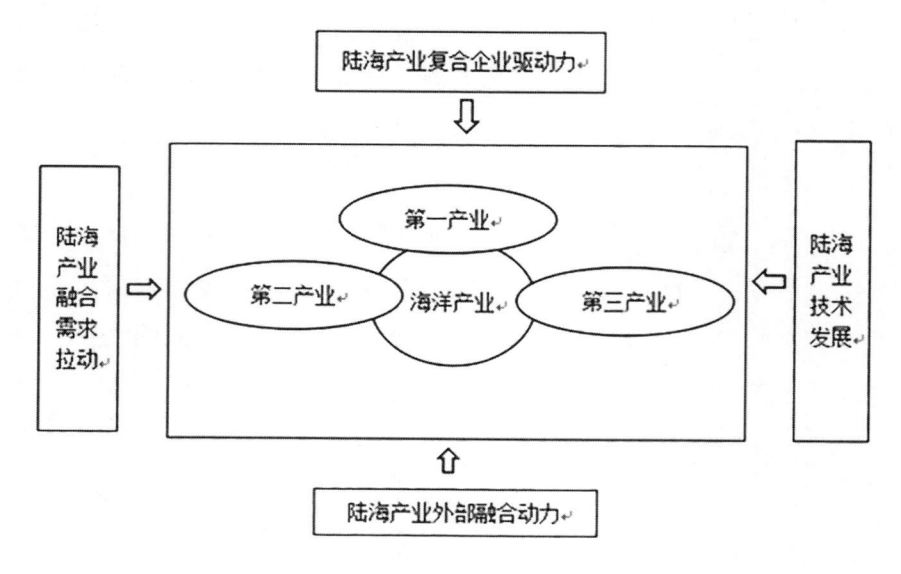

图 3-2　北部湾区陆海产业联动发展机制示意图

三、区域治理总体安全发展观

2008年，综合考虑广西北部湾经济区的条件、潜力，在反复论证和多方探讨的基础上，国家批准实施了《广西北部湾经济区发展规划》，标志着广西北部湾经济区的对外开放发展正式纳入国家的发展战略。这不仅是我国深入实施西部大开发、完善区域经济布局和促进全国范围内的区域协调发展做出的重大战略决策，也是广西北部湾经济区发展的历史机遇。经济全球化和区域经济一体化进程随着各国经济社会的发展而不断加快进程，全球区域化合作日益紧密。和平、发展和合作的趋势已成为时代潮流。我国一直贯彻求同存异求发展的周边外交理念，秉持睦邻友好将合作进一步加强。营造相对和平稳定的周边国际环境，助力广西北部湾经济区的发展。随着兴边富民西部大开发战略的实施和推进，东部地区对西部地区在技术、人才等方面的大力支持，一些国内大项目的布局对中西部发展的影响，和国家对于西部区域经济社会发展的福利政策，对于扶持民族地区和海陆复合型地区经济发展的政策，都为北部湾经济区的发展注入了新元素。

第三节 广西北部湾经济区产业经济发展实践的启示

在国家宏观发展战略的部署下,海洋安全和海洋经济的发展也日益重要,并逐步走进研究者的视野中。经济发展与海陆复合地区的安全稳定是相辅相成的关系,稳定海洋安全有利于海陆复合地区提升海陆产业联动,实现经济快速发展,快速发展的经济也在很大程度上促进了海陆复合型地区的安全和稳定。广西北部湾经济区处于我国西南典型的陆海复合型地区,其当地典型的陆海复合型产业经济的发展模式可以作为我国相似地区经济发展和安全治理的模板。因此,本研究以广西北部湾经济区为例,探索了如何能使陆海复合型地区更好地实现稳定和发展的问题。

一、区域治理新模式

在国家宏观发展战略的科学指导下,对各区域资源与功能进行整合,分析梳理出各区域在各时期重点攻克的阶段性目标,只有对发展报以辩证的思维方式处理好部分与整体之间的利益协调,才可以实现长远目标的合理推进。在主体功能区建设上根据不同的客观环境应该有不同的发展策略是主体功能区建设提出的思想源头,以区域差异性为前提对不同的发展主体进行功能性划分,从而更好地推进国家发展战略的实行。

二、陆海联动助力腾飞

作为陆海复合地区的广西北部湾经济区,由于其特殊的空间地理位置需要找到与之相适应的区域治理规律,需要我们掌握好陆海复合地区实现产业经济发展对于产业政策的需求。积极构建区域产业经济发展体系,推进本地区全面发展。海洋产业已成为我国经济社会发展的战略重点,成为新一轮产业革命的前沿领域,将海洋空间利用并开发起来是树立和落实科学发展观的必然要求。

三、利用政策激励实现发展优势转化

政策激励在一定程度上可弥补一个地区发展所需的市场规模,发展潜力等制约性经济因素。自2008年广西北部湾经济区的发展纳入国家发展战略以来,该区域的发展便进入了一个新的历史发展阶段,对其发挥出区域经济政策的集聚效应并且发挥出带动广西区域发展的龙头作用以支撑西部大开发战略有极大的帮助。

结语

区域间的协调发展是国家宏观发展战略中的重要一环,而广西北部湾经济区具有独特的陆海复合型区位资源优势,具有相当大的发展潜力。稳定协调的可持续发展对于提升我国海洋经济产业发展及总体布局也是具有重要战略意义的。因此,在本章节中分层面多角度对于广西北部湾经济区的发展进行了分析和探讨,并在此基础上对陆海复合型地区产业发展的方向做出了思考并提出了针对性的建议。

第四章 环渤海湾区区域产业经济发展实践分析

湾区经济是大国强国的重要象征。当今世界经济发展较好,竞争力强劲的地区基本都集中在沿海湾区。像美国的纽约湾区、旧金山湾区,日本的东京湾区在集聚城市智慧,引领科技创新,强化辐射带动等方面起着重要引擎和引领作用。继粤港澳大湾区设立后,推动构建环渤海大湾区的提案近年来不断增多,加强环渤海大湾区经济协同发展具有重要的经济意义与战略意义。

第一节 区域产业经济现状与问题

1986年初,中国科学院地理研究所的李文彦、胡序威、陆大道等几位经济地理学家发表题为《应当进行"大渤海湾地区资源开发和经济布局"的统一规划和前期研究》的文章,这篇文章被普遍视为环渤海湾这一概念的最早出处。[1]之后30余年国家经济发展格局不断发生变化,经过20多年的发展,粤港澳大湾区由设想变为现实,2021年9月5日、6日又相继出台《横琴粤澳深度合作区建设总体方案》《全面深化前海深港现代服务业合作区改革开放方案》等配套建设方案,粤港澳大湾区合作迈出坚实一步,为环渤海湾区建设提供了借鉴。在经济总量更大,面积

---

[1] 刘良忠,王全月. 环渤海湾地理相近的三大区域,能否成为一体化的经济带?[J]. 中国国家地理,2020(11):90.

范围更广的环渤海区域进行湾区经济建设具有更为突出的紧迫性,现阶段需要更好地了解环渤海湾区经济发展及产业建设状况,为规划建设的实现和经济活动的开展提供支持。

一、环渤海湾区区域产业经济现状

环渤海湾区产业经济结构在经过几十年的改革开放和发展后发生较大的变化,但地区发展不均衡,大部分省区仍然呈现出第二产业占比过大的现象,第三产业相比于比较成熟的湾区产业经济,所占比重仍然较小,这一现象的形成与环渤海湾区的地理环境相关,也与长期发展过程中形成的发展思路与产业布局相关。

(一)环渤海湾区地理区位状况

湾区经济发展与湾区地理位置、河口及水系状况密切相关。"环渤海湾区的区位条件优越,向西毗邻丝绸之路经济带,向东靠近日本、韩国,向北紧靠东北经济圈,向南连接长三角与珠三角,是连通陆上丝绸之路与海上丝绸之路,构建"一带一路"的重要一环,处于重要的战略地位。"[①]通常所指的环渤海湾区(见图4-1)也即环渤海经济圈,狭义上主要涉及京津冀、辽东半岛、山东半岛环渤海的滨海经济带,从广义上讲可以延伸到辽宁、山东的全部以及山西及内蒙古的中东部地区,范围上约占全国国土面积的13.31%,占全国总人口的22.2%。在具体范围上涉及北京、天津、石家庄、沈阳、大连、济南、青岛、烟台等多座城市,从城市分布来看,其范围已经超越了狭义的渤海区域,像青岛等城市在地理范围上属于黄海区域,但同属于山东半岛经济圈,所以也被划分在环渤海经济圈内。

渤海是我国的内海,被辽东半岛、山东半岛及华北平原包围,呈现出一个"C"字形,是东北、华北、西北、华东地区的重要出海口,是北方经济发展集聚性最好的地区与经济引擎,有天津、大连、秦皇岛、青岛、烟

[①] 廖澜. 环渤海湾区金融发展研究——基于沪杭甬、粤港澳湾区比较[J]. 财经界,2020(1),43.

台等重要港口。环渤海湾区经济腹地广阔,是山西、陕西、新疆、甘肃、宁夏、青海、内蒙古等内陆地区通往沿海的重要通道,涉及十几个省区,这些省区面积占全国的60%,国民生产总值占全国的40%,腹地的广阔性,发展的重要性等方面在各大经济集聚区中都处于前列。且环渤海湾区背靠2个直辖市,靠近雄安新区,离日韩等国家较近,交通便利,教育资源丰富,在政策支持及对外贸易等方面也有很大的区位优势,为湾区经济发展奠定了重要基础。

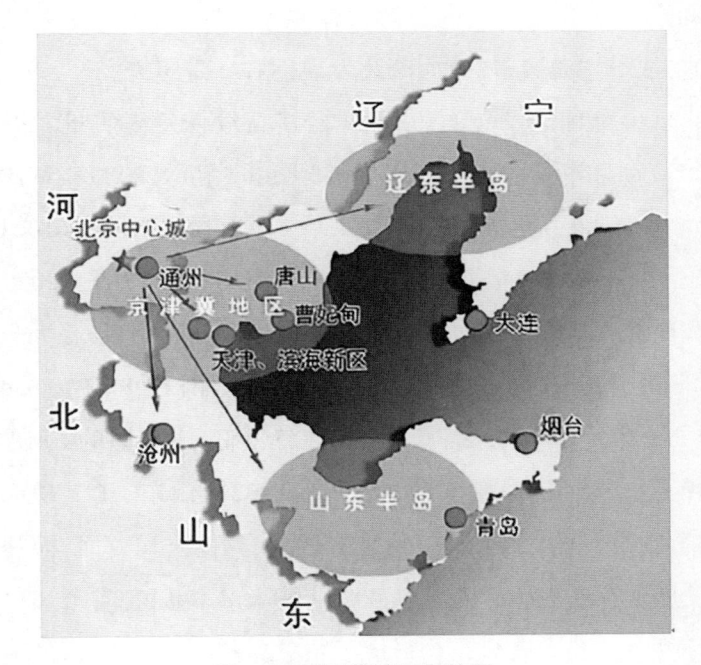

图4-1 环渤海湾区区位图

(二)环渤海湾区区域产业经济发展现状

从现有比较成熟的湾区代表旧金山湾区、纽约湾区、东京湾区、粤港澳湾区来看,其经济发展大致经历了四个阶段:一是港口经济阶段,此阶段经济发展主要集中在港口运输方面,对周边的辐射带动作用不甚明显,港口的区位直接决定经济发展趋势;二是工业经济阶段,此阶段主要以临港经济为代表,港口附近的港口城市成为制造业中心,推动临港经济的发展;三是服务经济阶段,此阶段以服务业为主导,伴随着港口经济的发展,经济活动逐渐拓展至周边城市,港口经济区成为湾区经济的核心区域,同时临港经济的金融等衍生与配套行业开始发展,城市功能由制造业向服务业转变;四是创新经济阶段,此阶段以信息产业为主导,形成多增长极的经济发展格局,经济活动范围更加广阔。[1]从环渤海湾区所涉及的三个区域的经济发展现状来看,京津冀区域大致处于第三个阶段,也即由服务经济阶段向创新经济阶段转变的过程,山东半岛和辽东半岛经济圈内部协调性要差一些,大致处于第二到第三阶段过渡,或第三阶段,离第四阶段发展还有一定距离。

据北京市统计局发布的《京津冀经济持续恢复高质量发展动能增强——2020年京津冀地区经济运行情况分析》显示,2020年京津冀实现地区生产总值8.6万亿元,其中北京、天津、河北分别为36102.6亿元、14083.7亿元和36206.9亿元,占全国8.5%,人均GDP7.7万。2020年全年山东省实现生产总值73129亿元,辽宁实现生产总值25115亿元。珠江三角洲经济圈实现GDP10.19万亿人民币,占全国GDP的10.03%,人均GDP11.1万。长三角城市圈,实现GDP20.5万亿,占全国的20.18%,人均GDP13.19万。从经济数据来看,如果把京津冀、山东、辽宁GDP合在一起,其总额在珠三角之上,长三角之下,但在具体人均方面,同其他两大经济圈发展还存在较大差距。从2020年环渤海湾区各省市三次产业构成来看(详见表4-1),各省市均形成了"三二一"的结构,但区域内发展差别较大。北京第一产业占比最低,天津其次,山东占比在全国平均水平以下,河北、辽宁第一产业占比仍然高于全国。第二产业除北京外均维持在30%—40%之间。第三产业除北京、天津外均低于全国平均水平,说明地区的服务业发展水平仍存在较大的滞后性,产业结构存在转型需求。

---

[1] 蒋宁. 新时代下滨海新区助推环渤海湾区经济发展的路径选择[J]. 产业创新研究, 2017(2), 18—19.

表4-1 2020年环渤海湾区各省市三次产业构成状况

三次产业构成(%)	全国	北京	天津	河北	山东	辽宁
国内生产总值	100	100	100	100	100	100
第一产业	7.7	0.4	1.5	10.7	7.3	9.1
第二产业	37.8	15.8	34.1	37.6	39.1	37.4
第三产业	54.5	83.8	64.4	51.7	53.6	53.5

数据来源:根据国家统计局及各省市2020年统计年鉴整理

环渤海湾区各省市在具体产业构成上也存在较大差异。北京产业经济结构中占比前三位的分别是金融业(19.8%),信息传输、软件和信息技术服务业(15.3%),工业(11.7%),金融业占主导。天津加大新动能与新兴产业发展。2020年"新动能引领作用凸显。新产业加快发展,全年高技术产业(制造业)增加值增长4.6%,快于规模以上工业3.0个百分点;工业战略性新兴产业增加值增长4.4%,快于规模以上工业2.8个百分点。新动能投资增长较快,高技术产业投资增长14.0%,战略性新兴产业投资增长1.8%,智能制造投资增长22.9%"。河北加快产业转型升级,新动能成长加快。2020年"规模以上工业中,战略性新兴产业增加值比上年增长7.8%,快于规模以上工业3.1个百分点;高新技术产业增加值增长6.6%,占规模以上工业增加值的比重为19.4%。规模以上工业八大重点产业增加值增长6.4%"。山东大力推进新旧动能转换,2020年"'四新'经济增加值占比达到30.2%,投资占比达到51.3%。新增高新技术企业3157家,总量达到1.46万家,增长27.5%。高新技术产业产值占规模以上工业产值比重为45.1%,比上年提高5.0个百分点"。产业经济转型已经初见成效。

国际上通常采用研究与试验发展(R&D)活动的规模和强度指标反映一国的科技实力和核心竞争力。包括基础研究、应用研究和试验发展三种类型。根据环渤海湾区各省市研究与试验发展(R&D)经费的投入情况(详见表4-2)可以对地区产业创新活力有相应的了解。从数据来看,北京是环渤海湾区R&D经费投入比例最高的地区,远高于全国平均水平,天津其次,而其他三省皆低于全国平均水平,科技创新在地区经济发展中的贡献力没有得到应有的体现,环渤海湾区产业经济结构需要进一步优化、调整。

表4-2 2020年环渤海湾区各省市研究与试验发展(R&D)经费情况

地区	R&D经费(亿元)	R&D经费投入强度(%)
全国	24393.1	2.40
北京	2326.6	6.44
天津	485.0	3.44
河北	634.4	1.75
山东	1681.9	2.30
辽宁	549.0	2.19

二、环渤海湾区区域产业经济存在的问题

环渤海湾区长期建设取得了一定成绩,但发展不协调、不完善,区域建设过程中的无序竞争,产业结构失调,生态环境污染,产业布局滞后,科技投入不足等诸多问题成为限制区域一体化发展与环渤海湾区整体经济实力提升的重要因素。

(一)湾区面积过大,产业互动互补受限,阻碍城市间人员、经济往来

从湾区分类来看,环渤海湾区属于大尺度湾区,海面较大,且大部分区域距离较远。"它将面积为7.7万平方公里的渤海环抱其中,跨越渤海的最远两点,即从辽宁盘锦辽河入海口到山东潍坊昌邑潍河入海口,直线距离为470公里,而粤港澳大湾区和杭州湾内,最远距离也不过200多公里。湾区面积一般指构成湾区的行政区域内陆地面积的总和,按这个标准,粤港澳大湾区和杭州湾的面积分别为5.6万和4.63万平方公里,而整个环渤海湾仅沿岸地级以上行政区围出的陆域面积就超过了15万平方公里,是另外两大湾区的三倍。"湾区面积过大就造成城市之间联系距离变远,且桥隧等工程建设难度加大,连接大连与烟台的跨海大桥论证多年,至今建设仍存在难度。环渤海湾区的三大经济圈京津冀、山东半岛、辽东半岛独立性都较强，各个经济圈往往自成一个体系，且三大经济圈发展程度不同，经济圈内部与经济圈之间的关联密切性有待加强，三大经济圈的发展主要集中于某几个大城市，在经济圈的边缘，特别是连接三大经济圈之间的城市同圈内城市发展差距较大，造成区域协同的关联性降低，区域之间的互动减弱，不利于湾区之间联系，特别是山东半岛城市同辽东半岛城市间的往来不能直达，往往要环绕整个环渤海湾区，降低了沟通效率，需要在交通配套与政策支撑等方面进行改进。湾区面积过大也造成产业分工协同的不统一，各地经济产业差异化较大，不能在同一个市场体系内进行分工协作，产业分化进一步限制区域内创新活力的提升，对经济发展产生不利影响。

（二）区域发展差距较大，特色不鲜明，产业经济不平衡不充分问题突出

相关统计显示欧盟有70%的贸易是在欧盟内部交易完成，北美自贸区40%的交易是在域内国家交易，而亚洲区域内国家贸易完成比例仅占30%。中国地区经济发展差异较大，实际在区域内完成的贸易额仍有很大提升空间。京津冀地区作为北方经济的主要代表与环渤海湾区的经济核心是区域经济发展的最主要引擎，北京作为首都集结了大量的大型国企及高新企业，除作为首都的政治功能外，在经济方面的作用也不断扩大，但天津、秦皇岛、唐山等其他区域城市的定位不甚明确，特别是在国家强化天津滨海新区开放的情况下，如何区分北京、天津等城市的区域定位，做到产业分工合理是需要重点考虑的问题。以济南、青岛、烟台等为代表的山东半岛经济圈同京津冀经济圈的发展特色与重点存在差异，山东的重工业、劳动密集型产业占比较大，且以济南为代表的省会城市圈同以青岛为代表的胶州湾城市圈产业发展也存在较大的差异，青岛等胶东半岛城市更多发展的是外向型的出口加工产业，家电、智能制造产业、沿海港口贸易发展较快，如何弥合山东半岛经济圈也是需要处理的问题。辽东半岛主要以沈阳、大连等城市为代表，且

在近些年东北人口、工业外流,发展乏力的情况下,东北地区传统产业的发展一直存在困难,在振兴东北的政策指引下,如何协调辽东半岛区域,复兴传统产业,发展新兴产业是当务之急。东北地区工业基础较好,但地理位置的限制决定其发展外向型经济存在一定的区位困难,沿海区域面临的主要国家是朝鲜,离韩国、日本的直线距离相较于山东半岛的青岛、烟台、威海等城市存在一定的劣势,在一定程度上存在同质竞争,地方特色未能凸显,各地发展的不平衡不充分依然明显,制约了环渤海区域一体化的推进与地区产业发展的协同。且环渤海湾区现有产业结构中第三产业占比仍有很大提升空间,虽然都已超过50%,但只有北京在80%以上,地区内部差异较大,说明地区产业发展分化较大,协调性不够。

(三)区域经济无序开发与恶性竞争仍然存在,产业协同发展机制不完善

京津冀经济圈的融合与协调是环渤海湾区经济发展质量的重要保证。现阶段京津冀三地发展模式存在较大差异,其中北京、天津汇聚的高科技产业与行业较多,R&D经费投入占比最大,形成了中关村等科技汇聚地,而河北在地理范围上较广阔,却是环渤海湾区R&D经费投入占比最小的省(市)。京津冀地区南北差异较大,沿海与内陆在发展风格上也存在较大差异,以钢铁为代表的重工业曾是河北经济的重要支柱,但各地的无序开发与上马造成京津冀地区污染严重,北京等地的雾霾曾长期持续,生态风险急剧增加。现阶段,寻求产业转型成为河北经济实现同京津一体化的重要需求,特别是在国家加大雄安新区建设的背景下,加强京津冀内部的协调统一意义重大。山东作为传统农业大省与能源开发大省,鲁西及鲁北地区的煤炭、石油等传统能源开采同河北存在同质性,会在市场方面产生一定竞争。辽宁的经济活力主要集中于大连等沿海城市及沈阳等省会城市,对其他城市的辐射带动作用不甚明显,辽宁地区继承了东北老工业基地的产业优势,在传统重工业等

方面有自身特色,但近年来伴随着高新技术的发展,高科技产业不断更新换代,传统产业受到冲击,其同山东、河北在产业上有一定的类似性,这就造成三地产业的协调融合存在一定的困难,同质化影响了差异化生产与发展。环渤海湾区的港口主要集中于天津、大连、秦皇岛、烟台、威海等地,黄海地区的青岛港等也被划分在这一区域内,市场容量存在一定空间,而港口之间如何做到差异化发展,如何协调不同港口之间的竞争等都对区域产业协调与共同发展提出了挑战。现阶段整体来看,城市经济产业存在一定的发展失衡,优先发展大城市造成大城市资源过度集中,而次级中心城市发展缓慢,县域经济则发展更加分散,需要更加宏观的政策从整体上进行协调与规划。

第二节 区域产业经济动力机制研究

"湾区经济中的区域协同是以分工为前提的,通过分工可以专注于某项技术或某一产业,借以提高劳动生产率;而协同则可以促进总量扩张、结构优化、价值提升,同样可以提高劳动生产率。"[1]环渤海大湾区同其他湾区相比最大的差别是其从历史到现在都没有成为一个真正统一的区域,京津冀属于华北地区,辽东半岛区域属于东北地区,而山东半岛属于华东地区,其一体化程度差异造成驱动区域经济发展的动力机制也存在差异,且短时间内难以形成完整统一的格局,需要在三个经济圈各自实际情况下进行具体分析与完善。

一、以京津冀城市群为重心,带动环渤海湾区协同发展

2018年11月中共中央、国务院印发的《关于建立更加有效的区域协调发展新机制的意见》,明确以北京、天津为中心引领京津冀城市群发展,带动环渤海地区协同发展。京津冀地区作为北方经济规模最大,最

[1] 张道航.环渤海北部湾区 大连是核心[J].东北之窗,2020(8),42.

具活力的区域,截至2020年,三地国民生产总值已占全国的8.5%。2018年4月14日,中共中央、国务院正式批复《河北雄安新区规划纲要》,指出要建成"京津冀世界级城市群的重要一极、现代化经济体系的新引擎、推动高质量发展的全国样板"。雄安新区的批复与建设被称为千年大计,京津冀协同发展迎来更大的机遇。

京津冀地区发展采取的是以北京的辐射带动作用为核心,培育和发展两个增长极的模式。"天津是环渤海大湾区经济最早兴起的城市,改革开放后,与粤港澳大湾区和上海杭州大湾区相比,环渤海大湾区城市的开放和发展相对滞后,直到'十一五'时期,以天津滨海新区开放为标志,环渤海城市群逐渐崛起,成为继珠三角、长三角之后市场经济最发达的地区,北京、天津也成为我国北方最大的国际化城市。2014年,习近平总书记正式提出京津冀协同发展重大战略思想,环渤海大湾区开始进入区域协同发展新阶段。"[1]北京是国家的政治中心、经济中心、文化中心,也是京津冀地区的核心,着力打造以首都为核心的世界级城市群。现阶段,北京全力对接雄安新区建设,并有序进行中关村高科技产业的有序共享与转移,建设中国"硅谷",加强产业协作,构建区域协同创新共同体。天津作为京津冀地区除北京外的第二大城市,发展水平落后于北京,近些年在滨海新区开发后极化作用逐渐明显。但从目前发展情况看,北京、天津作为区域内最大的两个核心城市并存,但其他中等城市偏少,低等级城镇数量过多,难以起到辐射带动作用,边缘城市很难分享与转移北京、天津等核心大城市的发展成果。京津冀地区的经济总量虽然较大,但在人均地区生产总值方面同珠三角、长三角差距较大。从经济外向性来看,利用外资的水平,贸易进出口额同珠三角、长三角也存在较大差距。从地区企业类型来看,京津冀地区大型国有企业占比较高,高科技等民营企业占比较低。在区域内部的一体化水平上也低于其他区域。京津冀经济圈总体上呈现出政策主导占优势的特点,市场自身调节

---

[1] 马忠新,申勇. 发展湾区经济的制度—文化供给[J]. 社会科学研究,2018(4),13.

作用受影响更加明显,区域产业协同建设动力不足。

二、以新旧动能转换为重点,助推山东半岛城市群建设

山东半岛经济圈是我国北方经济的重要代表。"环渤海区域中,山东半岛的泛胶州湾黄海经济带、泛莱州湾渤海经济带有着湾区经济的典型特征,山东省沿海城镇带是我国北方沿海城镇发育最好、开放程度最高、创新要素最富集、资源环境最具特色的区域。"[①]2018年山东省全面展开新旧动能转换重大工程,决定转变过度依赖能源的传统产业发展模式,省委书记刘家义与省长龚正带队赴珠江三角洲、长江三角洲考察学习,重点就协同发展与体制机制创新进行调研。现阶段山东半岛经济圈除解决新旧动能转换问题外,也要解决区域内协调发展问题,山东西部同东部在产业发展类型上存在很大差异,以青岛为代表的沿海城市大力发展外向型经济,同日韩等国的海外贸易发展较好,且青岛的西海岸新区获批第9个国家级新区,在带动地区科技发展、自主创新、陆海统筹发展等领域发挥作用,山东半岛经济圈迎来发展新机遇。

山东经济总量较大,GDP常年排在国家第三位,总体实力较强,拥有较好的发展基础与市场。2005年5月山东通过了《山东半岛城市群总体规划》,2017年2月印发了《关于山东半岛城市群发展规划(2016~2030年)的批复》,规划了到2030年的发展目标。由早前的济南都市圈、青岛都市圈逐渐发展为省会都市圈、胶东经济圈、鲁南经济圈,推进区域一体化发展。其中省会都市圈包括济南、淄博、泰安、聊城、德州、滨州、东营7个城市,是规模最大、成员最多的城市圈,立足于新旧动能转换、黄河流域生态文明保护和高质量发展。胶东经济圈包括青岛、烟台、威海、日照、潍坊5个城市,是三大经济圈中经济体量最大,开放程度最高、发展活力最旺盛的地区。立足于航运贸易中心、金融中心和海洋生态文明示范区建设。鲁南经济圈包括临沂、菏泽、济宁、枣庄4个城市,是三个区域中发展相对落后的地区,立足于乡村振兴、转型发展、淮

[①] 王哲. 环渤海大湾区设想能实现吗?[J]. 中国报道,2019(5),75.

河流域经济隆起带建设。三个经济圈的规划为山东半岛经济的发展指明了目标方向,采取了适合不同地区经济发展现状及发展优势的定位,对经济协调发展与产业分工起到了应有的作用。整体来说,山东半岛的经济转型压力依然较大,区域内的济南、青岛同其他地区代表性城市的发展仍存在较大差距,其他山东省内的腹地城市也有待拓展,在京津冀经济圈和长三角经济圈的南北夹击下如果不能实时进行调整将会形成经济洼地,错失发展机遇。

三、以经济高质量发展为目标,助推辽东半岛经济振兴

东北地区在历史上曾是共和国的长子,重工业的发展为建国初期国家发展起了重要支撑。近年来伴随着经济转型与其他地区经济的崛起,东北老工业基地的振兴问题引起国家关注。辽宁作为东北老工业基地的重要代表,具有经济基础良好,地理位置优越等得天独厚的条件。2009年7月1日国务院常务会议讨论并原则通过的《辽宁沿海经济带发展规划》对2009—2020年辽宁沿海地区经济发展进行了规划,从范围来看"包括大连、丹东、锦州、营口、盘锦、葫芦岛6个沿海城市,陆域面积5.65万平方公里,海岸线长2920公里,海域面积约6.8万平方公里"。其战略定位是"立足辽宁,依托环渤海,服务东北,面向东北亚,建设成为东北地区对外开放的重要平台、东北亚重要的国际航运中心、具有国际竞争力的临港产业带、生态环境优美和人民生活富足的宜居区,形成我国沿海地区新的经济增长极"。在具体举措上,通过"推进产业结构优化升级,做强具有基础优势的先进装备制造业和原材料工业,做大高技术产业,加快发展现代服务业和现代农业,利用信息技术改造提升传统优势产业,提高产品质量,逐步形成以先进制造业为主的现代产业体系"。2021年9月,国务院批复同意《辽宁沿海经济带高质量发展规划》,指出辽宁省要"大力发展海洋经济,加快发展现代产业体系,完善区域协调发展机制,全面推进更高水平对外开放,积极参与东北亚经济循环,在国际经贸合作中增强竞争力,以辽宁沿海经济带高质量发展推动东北振兴取得新突破"。新发展规划同上一版发展规划相比增加了"高质量"三个字,既显示出近十几年来经济发展趋势的变化,又显示出沿海经济升级换代,产业发展转变的必然,辽东南经济圈将在环渤海湾区经济发展中发挥更重要的作用。

现阶段,辽东半岛经济圈的市场化程度仍然不高,体制不够活跃,产业结构和高新技术发展等问题亟待解决。特别是在引导区域经济整体活力方面同京津冀与山东半岛经济圈存在较大的差距。辽东半岛地区除大连外,其他城市的优势与特色不明显,吸引外资及产业的能力水平不足,对带动区域经济发展,融入环渤海湾区的大环境存在一定的限制,只有进行制度创新,实现跨越式的高质量发展,才能避免走传统老套的发展模式。

第三节 基于协同发展视域下的区域产业经济发展

2010年南方GDP占全国的比重为57%,预计到2025年将达到73%,南北经济发展差距不断拉大,加强北方经济发展,实现经济平衡成为迫切需求,亟须培养发掘新的增长极。从现有较为成熟的湾区经济发展经验来看,"特殊的港湾位置是首要前提,高效的交通设施是基本保障,健全的创新体系是核心动力,广阔的经济腹地是活力源泉。同时还具有强大的核心城市和合理的产业分工,包容的文化氛围和宜居的城市环境两大特征"。[①]关于构建环渤海湾区,北京国际城市发展研究院连玉明教授认为:一是需要继续深化环渤海湾区战略研究,深刻认识构建环渤海湾区对强化京津冀城市群辐射带动作用、促进东北振兴和抢占东北亚对外开放战略制高点的特殊意义,需要把构建环渤海湾区作为

---

①蒋宁. 新时代下滨海新区助推环渤海湾区经济发展的路径选择[J]. 产业创新研究,2017(2),19.

深化京津冀协同发展的重大国家战略提上议事日程;二是借鉴国际湾区建设经验和粤港澳湾区发展规划,进一步完善《环渤海地区合作发展纲要》,筹划环渤海湾区发展规划,建设全球领先的国际一流湾区和世界级城市群;三是把京津同城化作为环渤海湾区规划建设的中心环节,重点是实现京津交通体系一体化、资源配置一体化、产业发展一体化、公共服务一体化、生态保护一体化,共同发挥高端引领和辐射带动作用,成为推动京津冀协同发展,建立环渤海协同发展新机制的重大战略支点。加强环渤海湾区经济建设,既要加强顶层设计,形成制度上的规划,也要通过创新市场构建与新发展目标的树立来进行具体维护。

一、加强顶层设计,打破行政规划限制,形成一体化区域发展模式

湾区经济发展重在协调统一,环渤海湾区面积大,资源丰富,经济基础较好,有较多条件良好的港口,假如能打破各地束缚与壁垒,发挥合力,将会成为一个潜力无限的重要经济湾区。从目前发展状况来看,各地经济发展具备进一步协调的基础,但其中的限制也不容忽视。特别是京津冀、山东半岛、辽东半岛的地域特点不同,产业优势存在差异,某些省区的产业又比较雷同,存在同质竞争现象,如何加强三个地区的协调统一,从顶层架构上进行建设便显得至关重要。要对三地地理地貌、港口运输、具体产业、国内外主要市场等进行充分调研,了解经济发展具体状况及优势与走向,加强三大经济区域内政府的沟通,打破区域间行政规划的壁垒,形成区域性的经济贸易区,对区域内经济的协同发展及交流合作给予适当的优惠与便利,发挥湾区经济的互助优势。同时给予湾区间跨省经贸投资必要的支撑条件。要借助协同发展理论从区域经济发展的总体架构出发,形成"1+1+1>3"的效果,以环渤海湾区的名义形成系统性区域规划,争取把区域性规划上升到国家规划,发挥湾区经济的整体效应。以区域内的港口为例,三个经济圈内都有各自的港口,作为北方地区重要的出海口,面对统一的内陆经济腹地,在港口货物来源等方面不可避免地产生同质化竞争,如何协调不同区域港口的市场范围,加强港口整合,进行良性合作是需要面对的重要问题。"发展环渤海大湾区,以湾区建设打破行政区划制约,可以带动河北周边、辽宁南部、山东东部发展,继而辐射东北、华北地区,逐步形成统筹国内国际、协调国内东中西和南北方的区域发展新格局,带动整个区域的经济结构优化升级。"①提振北方经济,振兴东北老工业基地,呼应世界经济重心逐渐从欧美转向亚太的趋势,使环渤海湾区抢占北方地区经济发展的制高点。

二、以构建统一要素市场为目标,培育环渤海湾区创新发展新空间

现阶段环渤海湾区大部分处在湾区经济发展的第三个阶段,即服务经济阶段,下一阶段的发展方向是向创新经济阶段迈进。实现经济发展由传统行业向高新技术行业发展是经济转型的必然,是实现经济由高速发展向高质量发展的经过。为此,可通过"制定湾区创新发展战略规划,持续推进湾区产业结构调整和空间布局重组。打造有利于创新的空间结构,实现产业链、创新链、资本链的深度融合。打造湾区创新平台,加强网络信息服务平台建设、孵化平台建设以及和高校、科研机构的直接合作,有力促进产学研一体化融合"。②"十四五"规划与二〇三五远景规划为国家未来经济发展指明了方向,环渤海湾区经济也应该积极同国家发展规划相协调,使三个环渤海湾经济圈的发展符合国家战略与宏观经济发展的战略规划,同时实现区域产业协调与交叉匹配,以及整个环渤海湾区经济的一体化。既要加强政府的管理和调控,又要充分发挥市场的调节作用,通过产业建设,形成以北京、天津等核心城市为代表的高科技中心,形成以大连、济南、青岛等次级城市为代表的科技后备城市,根据环渤海湾区整体经济状况与各地经济发展实际与产业基础发挥各自作用,使市场成为调节经济发展与规划的重要调节器,规划与培育新的市场空间。从现阶段环渤海湾区各省市的

---

①王哲.环渤海大湾区设想能实现吗?[J].中国报道,2019(5),74.
②王启尧.加快建设环渤海北部湾区 打造辽宁沿海经济带升级版[J].中国政协,2020(1),43.

"十四五"规划(详见表4-3)可以看出,各省市已经把经济发展转型提上日程,将新旧动能转换、高科技发展等作为重要发展方向,人工智能、区块链、高端芯片、海洋经济、数字经济、现代服务业、新能源、生物医药等行业成为多个省市的发展重点,区域产业发展迎来转型升级的重要机遇期,构建统一协调的市场成为可能。

表4-3 环渤海湾区各省市"十四五"规划产业经济重点布局

省市	规划重点产业
北京	1.加快建设国际科技创新中心。支持量子、脑科学、人工智能、区块链、纳米能源、应用数学、干细胞与再生医学等领域新型研发机构发展。聚焦高端芯片、基础元器件、关键设备、新材料等短板。 2.加快发展现代产业体系。大力发展集成电路、新能源智能汽车、医药健康、新材料等战略性新兴产业,前瞻布局量子信息、人工智能、工业互联网、卫星互联网、机器人等未来产业,培育新技术、新产品、新业态、新模式。巩固现代服务业优势,推动金融业、商务服务业、生活性服务业、健康、养老、育幼、文化、旅游、体育、家政、物业、种业、观光农业、特色农业、智慧农业、精品民宿发展。
天津	1.着力培育战略科技力量。聚焦人工智能、量子信息、脑科学、生物制药、组分中药等前沿和优势领域,实施一批具有前瞻性、战略性的重大科技专项,攻克一批关键核心技术和共性技术,打造更多天津版"国之重器"。 2.全面增强全国先进制造研发基地核心竞争力。壮大生物医药、新能源、新材料等战略性新兴产业,巩固提升高端装备、汽车、石油化工、航空航天等优势产业,加快构建"1+3+4"现代工业产业体系。推进互联网、大数据、人工智能、区块链等同实体经济深度融合,着力打造人工智能先锋城市。 3.提升产业链供应链现代化水平。推动传统产业数字化、智能化、绿色化,促进产业链价值链向中高端跃升。做强海洋工程装备、海水淡化等海洋经济优势产业链。提升重要原材料、关键零部件、核心元器件的稳定供应水平,增强产业抗风险能力。 4.提升现代服务业发展能级。加快先进制造业、现代农业、金融、会展、健康、养老、育幼、文化、旅游、体育、家政、物业等发展。
河北	1.大力提升产业链供应链现代化水平。聚焦钢铁、石化、生物医药、电子信息、高端制造、氢能等18个重点产业链,打好产业基础高级化和产业链现代化攻坚战。超前布局区块链、太赫兹、量子通信等未来产业链,抢占发展制高点。 2.大力发展战略性新兴产业。发展壮大信息智能、生物医药健康、高端装备制造、新能源、新材料、钢铁、石化、食品、现代商贸物流、文体旅游、金融服务、都市农业等12大主导产业。 3.加快发展现代服务业。大力发展金融服务、工业设计、现代物流、商务咨询等服务业。推动现代服务业同先进制造业、现代农业深度融合发展,加快推进服务业数字化。加快发展健康、养老、育幼、文旅、体育、家政、物业、寄递等服务业。 4.大力发展数字经济。深化数字经济和实体经济融合发展,加快数字产业化、产业数字化。深入推进"上云用数赋智"行动,构建生产服务+商业模式+金融服务的数字化生态体系。

第四章 环渤海湾区区域产业经济发展实践分析

续表

省市	规划重点产业
山东	1.推动产业体系优化升级。大力发展智能制造、个性化定制、柔性生产、云制造等新模式。加快推进绿色制造,完善循环经济产业链,大力发展再制造业。坚决培育壮大新动能,重点培育新一代信息技术、高端装备、新能源新材料、新能源汽车、节能环保、生物医药等产业。加快布局生命科学、量子信息、空天信息、柔性电子等未来产业。 2.发展数字经济。推动数字产业化,加快集成电路、光电子、高端软件等关键基础领域创新突破,打造先进计算、新型智能终端、超高清视频、信创等具有较强竞争力的数字产业集群。推动产业数字化,深化互联网、大数据、人工智能同各产业融合,推动"现代优势产业集群+人工智能",支持企业"上云用数赋智"。 3.大力发展现代服务业。加快发展研发设计、现代物流、法律服务、电子商务等,推动现代服务业同先进制造业、现代农业深度融合。加快发展健康、养老、育幼、文化、旅游、体育、家政、物业等服务业。大力发展服务业新兴业态。
辽宁	1.改造升级"老字号"。做强做大人工智能、制造业、重大成套装备、汽车及零部件、高档数控机床、成套装备、汽车制造、IC装备、医疗设备、机器人等产业。 2.深度开发"原字号"。深度开发工程塑料、电子化学品、功能性膜材料、高性能纤维、高品质特殊钢、新型轻合金材料、特种金属功能材料、先进无机非金属材料、菱镁产业。 3.培育壮大"新字号"。做强做大现代航空航天、高技术船舶与海工装备、先进轨道交通装备、新能源汽车,壮大集成电路产业、生物医药健康产业、先进医疗器械、节能环保和清洁能源产业、前沿新材料产业、未来产业。 4.着力推动现代服务业发展。加快高技术服务产业、高端服务业、会展业、现代物流业、电子商务、全域旅游、冰雪经济发展。

资料来源:根据各省市"十四五"规划和2035远景目标纲要整理所得。

三、弱化湾区内部"虹吸效应",实现弱势区域跨越式发展

环渤海经济圈概念最早由天津于1985年提出,1992年党的十四大报告中提出要加快环渤海地区开发、开放,虽然这一概念提出良久,但地区合作并未有太大进展,反而之后环渤海的概念逐渐被京津冀覆盖。"国家发改委在2015年发布了《环渤海地区合作发展纲要》,将京津冀和山东、辽宁,以及山西和内蒙古都包括进来。"[1]"环渤海大湾区在沿海整体层面发展水平相对低下,湾区内部存在'虹吸效应',即核心地带拥有较强的资源资本支配能力,核心外围辐射带动作用不显著,整体发展水平经历了先增长后下降的过程,基础设施发展呈现出铁路—公路—港口的建设次序;湾区各省市交通基础设施建设带动绩效的相关性在建

---
[1] 吴越. 未来"环渤海"[J]. 齐鲁周刊,2019(8),11.

设投入、劳动力流动和对外开放程度等方面呈现出一定的共性特征。"[①] 从现阶段的发展来看,环渤海湾区的"虹吸效应"明显,最先发展起来的北京、天津等大城市实现了资源、人才、资金、政策等各方面的集中,周边的中小城市同北京、天津等的发展差距越来越大,出现几个大城市的发展同其他中小城市及周边区域的脱节现象,先富带动后富,共同富裕的实现成为迫切需求。京津冀地区同山东半岛经济圈、辽东半岛经济圈由于利益主体分割,产业同质化产生竞争和冲突,三个经济圈各成一体,环渤海湾区给人的感觉是一盘散沙,在凝聚力及关联性等方面同珠三角、长三角等存在较大差距。环渤海湾区内部未出现一个辐射力与引领力超强的城市,即便是北京也很难在经济上辐射到山东半岛和辽东半岛成为二者的经济中心。为此,要在产业互补的基础上,加快弱势地区的发展,逆转"虹吸效应"带来的负面影响,加快北京、天津周边中小城市发展,壮大三个经济圈的核心城市,培养具备超级辐射与影响力的城市。实现区域中小城市经济的跨越式发展,通过传统产业进行经济发展已经很难实现区域快速协同,某些具备基础与条件的城市需要进行产业的跨越式升级,通过大数据、人工智能、生物医药等高科技技术的转移实现从无到有的发展,另起炉灶,快速追赶,使区域经济发展的关联性更加密切,形成发展梯队与明确分工,为环渤海湾区经济圈发展从理想变为现实积蓄力量。

[①] 陈颂,杨烁,于涛方. 环渤海大湾区基础设施建设及区域带动绩效研究[J]. 规划师,2019(7),41.

第五章 长江三角洲经济区区域产业经济发展实践分析

第一节 区域产业经济现状与问题

一、发展阶段

1949—1978年,是第一阶段,是一体化行政阶段。自1949年新中国成立后,长三角区域协调工作就已开始推动。在华东行政区七省一市(即上海市、江苏省、浙江省、安徽省、山东省、江西省、福建省、台湾省)这一体制架构上,长江三角洲区域属于同一行政区划内。"华东经济协作区"成为长三角协调发展的平台。第二阶段(1979—1990年),是经济协商探索阶段,也是长三角区域一体化的萌芽阶段。改革开放使长三角协同治理再次启动,以1982年12月设立"上海经济区"为标志。为推动长三角区域经济联动协调发展,国务院发布《关于成立上海经济区和陕西能源基地规划办公室的通知》,决定成立"上海经济区",规划范围包括两省一市,以上海为中心,涵盖江苏的南通市、苏州市、常州市、无锡市,浙江的杭州市、湖州市、嘉兴市、绍兴市、宁波市,这10个城市构成了最早的长三角经济区。第三阶段(1991—2004年),是自发协同发展阶段。1990年国家宣布开发、开放浦东,长三角协调发展再次迎来又一轮重大契机。此轮协同发展从城市之间的自发经济协作开始。1992年,长三角政府经济技术协作部门自发成立长三角协作办主任联席会议,成员包括上海市、南京市、苏州市、常州市、无锡市、镇江市、扬州市、泰州市、南通市、杭州市、湖州市、舟山市、嘉兴市、绍兴市、宁波市等15个城市。2003年,第四次长三角城市市长峰会召开,同时台州市加入,以江浙沪16城市为主体形态的长三角城市群初步形成。长三角各个城市从市场配置要素角度出发,积极探索区域合作的机制,"政府搭台、企业唱戏"的城市协调发展是这一阶段的主要特征。第四阶段(2005—2017年),为国家重点推动阶段。2007年召开长三角经济社会发展专题座谈会,以此拉开国家推动长三角协同发展的序幕。2016年5月,国务院批准《长江三角洲城市群发展规划》,明确将上海市以及江浙皖的25个城市定位为长江三角城市群。2018年至今为第五个阶段,即一体化国家战略阶段。支持长三角区域一体化发展并上升为国家战略,标志着长三角一体化进入崭新的时代。2019年12月1日,中共中央、国务院印发《长江三角洲区域一体化发展规划纲要》,由此长三角区域一体化进入全新时代。

二、长三角区域一体化发展的主要特征

经过40年改革开放的高速增长,长三角区域成为我国经济发展最活跃、开放程度最高、创新能力最强的区域之一,同时也处于要素成本驱动向创新驱动的调整期。

(一)实现空间格局拓展

长三角区域经济一体化经过多年的发展,区域空间格局不断拓展,从"两省一市"到"三省一市"。2016年,国务院发文批复《长江三角洲城市群发展规划》,长三角城市群在上海市、江苏省、浙江省、安徽省范围内,由以上海市为核心、联系紧密的多个城市组成,主要分布于国家"两横三纵"城市化格局的优化开发和重点开发区域。城市数量由传统的16个增加到涵盖沪苏浙皖四省市的26个。2019年长三角区域一体化正式成为国家战略,核心区增加到27个城市。

(二)从"一级独大"到"多中心格局"演变

从区域内上海单中心模式,到随着浦东的开发、开放,两翼核心区在上海的辐射带动下,快速实现工业化。长江北翼核心区的扬子江城市群,形成多个制造业集群,其中的苏南地区以世界工厂著称。与此同时也形成了民营资本驱动的市场化格局。上海作为龙头城市综合优势突出,产业进行彻底重构,以现代服务业和高端制造业为主导的产业结构体系已经形成。上海主要在研发基地、服务高地与国际化前沿等方面拥有优势,两翼则是十分强劲的产业基地。长三角城市群已经不再是核心城市上海"一级独大"式发展,而是一个强两翼核心区与中心城市同频发展的多中心格局。

(三)从政府主导向市场驱动发展

长三角区域一体化发展过程中,前期主要依靠政府推动,通过政策和制度推动资源要素的合理配置。在长三角一体化发展中,前期更加注重规模扩张和经济增长,政府"自上而下"的激励,形成中心区域主导、外围区域依附的发展模式。随着区域经济不断深化发展,当前新阶段的区域一体化发展,以多元主体参与为主要特征,融合兼顾长三角的整体利益和周边城市群的区域利益,发挥区域各板块的主动性和能动性,尊重各个参与主体的规模、结构差异,增强一体化进程的包容性,促进长三角地区的体制改革和社会经济发展。

(四)实现从规模速度到质量效率转变

长三角地区一体化发展前期的主要特征就是高速增长、制造业领跑、外向型经济发达等,随着生产要素成本上升、供求格局变化,以及环境约束增大、经济发展结构性困境等深层次问题的凸显,使结构性失衡成为主要问题。同时区域内城市发展不平衡,城市间经济水平存在较大差异,发展要素向中心集聚,一体化中的城市合作缺乏可持续性与协调性等问题突出。亟待从单一的地方经济增长转向高质量一体化发展的新阶段,实现多中心发展的态势。

(五)从经济一体化到全面一体化提升

长三角地区是最早提出区域经济一体化的地区,由于地域相邻、文化相通,长三角一体化不断深化发展,并上升为国家战略,全方位推动深度融合,从最初的经济层面,向经济、社会、生态等全面一体化拓展。

三、长三角区域一体化发展现状及存在的主要问题

(一)发展现状

1. 多中心匀质化发展趋势逐步呈现。经过多年的区域经济一体化实践,长三角区域核心城市经济总量与上海市经济总量的差距逐步缩小。十八大以来,长三角一体化发展取得明显成效,区域合作关系进一步深化,区域分工格局逐步形成,经济社会发展走在全国前列。

2. 产业结构不断优化。长三角区域各省市第三产业比重不断上升,产业结构不断呈现出合理化和高级化。上海的内部产业结构优化水平不断达到新的高度,浙江、江苏产业结构也不断优化,江苏更加侧重向制造业中的化学染料、医疗制造业等高端行业发展,浙江的发展优势主要在于纺织业等传统制造业,安徽省主要承接长三角剩余工业发展重担,以化工和加工业为主,工业处于由初级低端产品向高级精细加工产品过渡阶段。

3. 交通基础设施网络日趋完善。随着区域一体化和网络化发展进程的加速推进,区域交通枢纽格局由核心城市集聚向均衡化发展。长三角一体化发展将交通放在首位,打通省际"断头路"成为关键环节,区域内铁路网络也有巨大的发展潜力,并联通三省一市协力打造长三角世界级机场群,建设国际航空枢纽。

4. 科技创新一体化加快推进。长三角地区是我国创新要素和创新活动集聚区,科技创新优势明显,创新经济发展全国领先。2016年,长三角高质量一体化协同发展创新的重要平台"G60科创走廊"正式启动建设,目前已经覆盖多个城市。创造性提出以线上线下相结合的模式,构建协同发展的新格局。

第五章 长江三角洲经济区区域产业经济发展实践分析

5.生态环境质量持续向好。聚焦打好污染防治攻坚战,探索跨区域多主体参与模式下的生态文明建设,推动长三角更高质量发展。与此同时,长三角区域生态一体化制度建设随着长三角城市群不断扩容的同时加快进程,构建区域环保体系,在环保和生态规划方面积极开展合作,为跨区域生态治理提供保障。

(二)存在的主要问题

1.长三角区域发展不平衡性仍然突出。长三角区域内部发展不平衡,上海、浙江、江苏和安徽之间存在差异。按照工业化发展阶段看,上海、杭州和南京已经进入后工业化时代,苏州、宁波、无锡、合肥等城市处于工业化后期阶段,仍有不少城市还处于工业化中期阶段。区域经济发展不平衡受到政策、制度、资本、人才、技术等要素差异的影响。上海、苏南、浙北地区的要素资源比较丰富,苏北、浙南的资源相对匮乏,长三角发展呈现出"上海—苏南—苏北""上海—浙北—浙南"的梯度差异。同时,要素资源丰富的地区形成了本地优势与特色产业,不具备相应要素的地区发展相对落后被动,从而导致经济发展水平的不平衡。

2.产业结构趋同。长三角区域内部资源禀赋相似,区位相近,发展环境与机遇也相似,各城市之间生产布局重复,产业呈现出结构同化、特点同化、职能同化的现象。容易引起同质化竞争和重复投资,不利于区域产业的有序分工和梯度转移。长三角以制造业为基础,生物制药、电子通信、新材料等高新技术作为区内的支柱产业,产业结构同质化趋势较为明显。不合理的产业结构和空间布局,导致资源环境的过度消耗,产业过度集中、分布失衡,产业运营出现"叠加成本"的不经济现象。

3.区域协调机制不健全。现有的区域协调机制包容性不强,不够完善。现有的区域协作多通过议事机制实现,较为松散且缺乏权威性,规划体制的顶层设计不健全,牵头和协调主体不明确,缺乏对区域长远协同发展的统筹把握和长期规划,难以高效、有序、持续解决区域协调发展问题。且区域市场一体化建设机制包容性欠缺,多限于政府之间的合作,缺少企业和社会力量参与,没有形成政府协调与市场机制的良性互动,政策协调过程也欠缺对公众意愿的征集和表达机制。此外,行政体制与应急体制不一致。突发公共事件往往具有跨地域性,区域内跨行政区界线或功能区界线的更大范围的公共服务合作还没有形成,区域法律和规范协的调也显得不足。不同地区在税收优惠政策、行政规章、法律效力等方面存在较大差异。

4. 综合交通体系发展不平衡。长三角区域内交通运输网络衔接不畅的情况持续存在,区域内高铁网、城际轨道网、城市公共交通网等相互的融合程度不高,互联互通基础设施建设不足,省际交通衔接项目建设推进缓慢,交界地区的路网融合还有很大的差距。港口方面融合发展的差距也较大,港口建设存在同质化问题,港口企业间合作不充分。航空运输方面,航线结构不尽合理,机场服务和辐射能力亟待加强。

5. 生态环境较为脆弱。生态环境质量和人居环境安全方面还存在一些累积性问题,成为影响长三角区域高质量一体化发展的制约和短板。水污染治理、治污排污上的矛盾依然存在,位于长三角中心地区的江浙沪边界交界地区是跨界水污染的重点发生地区,流域内的水污染容易在太湖湖区集聚,并向周围河网扩散,引起大面积的环太湖江浙沪三地的跨界污染。生活垃圾处理问题也较为突出,多个城市的垃圾处理能力已经接近饱和。

第二节 区域产业经济动力机制研究

一、科学合理的产业政策规划

推进长三角区域内产业发展,需要有效的配套产业政策,以实现政府对以市场机制为基础的产业结构、产业组织、产业技术和产业布局进行宏观管理调控,实现经济社会发展目标。有效的产业政策可以纠正部分市场失灵,促进经济资源配置效率的提高和产业结构优化升级,促进高新技术产业发展。长三角地区产业分工同构度较高,并没有形成产业化的分工,主要原因在于该区域的经济发展基础、资源禀赋、产业发展环境相似,地区间为争夺资源,出台产业政策时忽略了地区差异性。如何制定有效的产业政策是实现长三角区域产业经济发展的关键环节,可切实解决长三角地区产业发展同构化问题,实现产业功能布局的优化。

二、区域联动机制的助推

(一)加强产业区域转移

形成产业间的互补和梯度转移,进而形成地区间的产业分工和产业结构的优化升级,达到产业协同。长三角区域的城市根据自身要素禀赋结构来构筑相适应的产业结构,使市场机制在产业发展和转型中发挥主导作用。

(二)产业分工联动效应

促进区域内各地区在合理分工的基础上,通过构建和延伸产业链获取产业联动效应,促进区域产业一体化的实现。产业联动使得处在产业链不同环节的企业,突破企业界限、产业界限、区域界限,能够实现企业关系、产业关系和区域关系的优化。产业联动行为主要体现在产业分工与产业集群,形成错位发展,避免重复建设,在错位发展的基础上,进一步将各地区的企业关联起来,相互配合、支撑形成合力。同时要根据自身的资源优势形成分工态势,更要在更大范围内统筹考虑,从区域整体的目标出发,形成分工合理、优势互补、合作共赢的产业布局。

(三)产业集群联动效应

通过产业集群联动,激发竞争优势,如生产成本优势、基于质量基础的产品差异化优势、区域营销优势和市场竞争优势,形成区域创新系统,提升整个集群的创新能力。并且通过产业集群间的联动效应,形成区域产业一体化。长三角地区一体化通过规划协调、要素合作和机制对接三个阶段的发展,在商品市场、生产要素市场、产权交易市场等方面成效显著。

(四)较充分的产业竞争

充分的产业竞争是区域产业分工合理化的根本途径,市场竞争和资源流动促使区域产业分工按比较优势进行深化,使产业分工布局更加合理。从而打破行政区划界限的制约,打破地方保护和市场分割,实现资源的跨区域高效流动,推动产业的分工协作,提升区域经济发展的整体运行效率,为各产业协调发展提供良好的外部市场环境,建设开放、有序、公平、高效的统一市场体系,有效促进长三角区域市场一体化发展。

(五)外部经济性

地区优惠政策、资源溢出等产生的外部经济性,是实现产业一体化良性发展的有效路径。上海作为全球国际大都市,拥有强大的资源优势,在长三角区占据核心位置,以上海为中心辐射带动江苏、浙江、安徽周边区域,是实现区域一体化进程的主要动力。上海自身的经济发展水平,发达的第三产业、专业人才、完善的基础设施,对周边地区会产生外部经济性,从而形成区域经济一体化的正面效应。

三、区域统筹规划与对接机制

长三角区域产业经济发展的前提是统筹规划,各地在相关领域的合作,需要在形成有效合作机制的前提下,进行统筹规划和有效对接。长三角区域产业规划需要形成有效的对接机制,各个城市的产业规划杜绝各自为政,立足于本地区经济发展需要,以及自身在整个区域中的功能布局,从更高层次、更大空间规划产业发展方向。产业规划要精准,明确每个城市的重点发展产业、有限发展产业和培育发展产业,可以有效避免产业布局趋同问题,从而完成空间范围内的统筹规划。

第三节 基于宏观治理视域下的区域产业经济发展

一、长三角区域协同治理的内在要求

长三角区域的空间性质、开放特征和发展潜力,对区域协同治理的贸易一体化、要素一体化、政策一体化提出了更高要求。长三角区域一体化发展只有以市场一体化为核心,才可以使长三角地区突破分割治理的传统模式,进入经济一体化协同治理的新阶段,发挥区域合作和制度一体化建设的前置引导作用。提升政府服务市场的综合能力,扩大多元利益主体的治理参与度,处理好多目标之间的发展关系,健全区域协同治理的制度体系。从强调经济发展优先的非均衡式治理模式,转向强调经济发展与社会民生发展并重的包容性、系统性、整体性治理,推动区域经济社会文化的全方位一体化发展,促进区域整体性发展协作。

二、长三角区域协同治理的主要内容

高质量区域一体化、全球竞争的功能增值、统一市场建设、公共服务合作共享等,构成了长三角区域协同治理的多重目标。区域治理的主要内容是实现依托产业链与创新链的协同互动,提高长三角区域发展的质量层次。通盘考虑长三角区域的产业结构与分工格局,根据产业集群分布情况整合资源和吸引人才。以上海建设全球城市为契机,推进完善科创中心的功能体系,在知识、人才、制度等方面促使长三角区域创新系统与全球创新链对接,形成开放、高效、包容的创新交流机制,为我国高端技术产业、战略新兴产业、前沿技术产业提供内源与外源相结合的动力支持。

依托传统与新型基础设施的协同互动,形成开放高效的基础设施体系。基础设施一体化向来都是区域发展的先决条件和协同治理的关

键环节。基础设施发展的驱动力是技术的重大变革和产业发展的新趋势,同时也承载着传统经济增长模式向创新驱动增长模式转变的先导任务。由于数字经济的赋能作用,"新基建"成为长三角区域经济发展的重要依托。同时在组织模式和法律体系不断完善的支撑下,应增强区域环境协同治理的制度供给。在公共安全的重大领域,建立区域协同治理的风险防控机制。经济体系开放、要素自由流动、产业高密度集聚,是长三角区域一体化的竞争优势,却也因此面临着更大的风险防控压力,迫切需要纳入区域治理一体化的体系建设中。利用当前"新基建"的契机,升级对节点、枢纽、网络的公共安全防控体系的数字化建设,动员各层次的社会治理力量和公众参与,建立起组织高效、反馈及时、处置得当的公共安全相应机制,为长三角区域战略场所的功能持续优化提供安全保障。

三、区域产业一体化发展

(一)区域产业一体化的内涵

产业一体化是区域一体化的重要组成部分,产业一体化主要是作为产业发展的主体企业能够按照自愿配置和企业效益最大化,在长三角实现一体化布局,根据比较优势形成产业分工,实现区域产业结构合理化,提升产业整体竞争力,建立共同市场,实现要素的合理流动和优化配置。

(二)长三角地区区域一体化发展的历程

1.新中国成立初期到20世纪70年代末,是一体化向行政分割下的独立产业体系转变时期,国家在这一时期按照省级行政区建立相对独立的工业区域体系,上海由前期的经济金融中心、消费性城市,变为生产性城市和中国的重工业基地。形成了以冶金、纺织、石化、机械电子为主的门类齐全的工业体系。相对于周边的江浙地区,上海处于绝对优势,形成江浙地区以发展农业为主、上海以发展工业为主的区域经济

第五章 长江三角洲经济区区域产业经济发展实践分析

关系,由此也形成了长三角区域计划经济体制下垂直分工的一体化体系。

2.20世纪90年代初到21世纪初,为上海核心城市功能再造时期,长三角一体化的产业基础形成。1991年浦东开放后,上海开始拥有新的资源优势,随之带来制度优势和吸引外资优势,带动长三角区域经济一体化进入新阶段。江浙两省和上海周边城市利用上海的区位优势、政策优势和其他资源优势获取本地发展资源,加快本地发展模式转型和企业发展。江浙第二产业比重上升,上海第三产业比重上升而第二产业比重大幅下降。大量的农村劳动力和各类专业人才集中到上海,城市规模扩大、城市化水平提高,产业和人口聚集使城市间的规模经济和外部经济相互渗透影响。各地区在招商引资、基础设施建设、政府服务等方面采取竞争策略,加速促进都市圈内各种产品要素流动和产业的转移。同时,区位功能开始分化,服务业逐渐代替中心城市和中心城区的工业基地职能,周边城市和周边城区逐渐成为制造业的集聚区。随着对外开放程度越来越高,长三角与世界经济的联系越来越紧密,三资企业从整个都市圈的角度考虑生产布局,同时各地区的企业与外资企业合作,融入其生产和采购链条,使各地区的产业和企业得到整合,发挥各地资源优势,提高竞争力。从优势产业比较看,江苏主要集中在基础工业和重化工产业,浙江集中在轻纺和食品产业,上海集中在装备产业。从经济发展模式看,江苏外资、民营和国有三足鼎立,浙江以民营经济为主,而上海以外资和国有为主。

3.进入21世纪后的全球化时期,长三角一体化产业分工新格局形成。这一阶段的标志是国际化和市场化进程的加速,国内外企业主导的要素跨区域流动的深化,开始形成以企业内部地域分工的展开为标志的地区间产业分工新格局。中国加入世贸组织后,国际制造业开始向以上海为地标的长三角地区转移。外资大量进入,并在整个长三角地区构筑起外商投资企业内部的地域分工网络,加快推进长三角区域经济一体化。企业实现跨区域发展和"产业转移",由企业主导的地区间产业分工开始明朗化。企业内地域分工的展开,有力推动了区域经济一体化的发展。产业空间布局逐步呈现两个特点:一是制造业开始从上海这一传统工业中心向外围的江浙地区扩散;二是以国际航运和国际金融为核心的现代服务业快速发展,使上海形成新的现代服务业中心。

(三)长三角地区重点产业发展布局

做大做强石化、钢铁、电子信息产业等具有国际竞争力的战略产业。巩固提升装备制造业、纺织轻工业和旅游业等传统优势支柱产业。同时加快发展现代生产性服务业和生物医药、新型材料等具有先导作用的新型产业。在上海推进建设以现代服务业为主体、战略新兴产业为引领、先进制造业为支撑的现代化产业体系。安徽承接长三角地区产业转移,形成优势互补、错位发展的产业布局。

(四)长三角产业一体化面临的问题

1.区域内产业结构存在梯度差异,生产技术与资源禀赋等方面差距较大。长三角地区的禀赋优势差异主要体现在安徽与江浙沪和上海与江浙之间。上海第三产业比重高,江苏主要是工业和制造业,浙江重点优势产业为第三产业和服务业,安徽的优势产业在于农业、采掘业和金属冶炼工业。但上海近年来也注重发展现代农业,乡村振兴战略取得较大进展。

2.以高铁和互联网快速发展为标志,长三角地区进入深度同城化时代,区域内没有形成差异化的优势行业,计算机、通信和其他电子设备制造业、电气机械和器材制造业、化学原料和化学制品制造业、汽车制造业和通用设备制造业等是区域共同的优势行业。长三角城市群内部空间重构步伐加快,在成熟市场经济的牵引下,长三角城市群中的各个城市,急需建立一体化建设和运营的体制机制和平台载体,消除行政分割,激发规模效应。

3.长三角地区是中国产业同构问题最突出的地区,区域内制造业行业同构现象突出,尤其是非金属矿物制品业、纺织业等传统制造行业,且随着时间推移呈现增强趋势。

4.长三角服务业行业集聚在城市间波动变化不大,传统服务业和现代服务业形成比较明显的两极分化特点。服务业中同构现象较为突出地体现在金融业领域。

5.区域内土地生产效率和劳动生产率总体呈逐年上升趋势,但生产效率在区域内各城市差距悬殊。长三角地区产业生产绩效总体向好,地区差异也较大。

第六章 成渝西昆菱形(钻石)经济区区域产业经济协同发展实践分析

伴随着经济全球化和区域经济一体化的深入发展,世界经济格局和经济区布局的关联性不断增强,区域已经成为国家经济发展和地区、全球竞争的新单元。成都、重庆、西安、昆明是我国西部地区经济发展水平较高、地区发展辐射能力较强的城市。2015年3月成都首次在全国两会上提出构建"成渝西昆钻石经济区"的提议,此举意在实现"一带一路"发展倡议和长江经济带的相互融通,形成中国新的经济增长极。从区域发展历史来看,从成渝经济区、西三角经济区、西四角经济区再到菱形(钻石)经济区,西部产业经济协同发展的意识逐渐形成,产业经济正在向以区域协同为特征的横向空间布局转变。

随着西部大开发、"一带一路"、多个经济走廊等规划建设的深入推进,成渝西昆菱形(钻石)经济区产业经济发展,出现了前所未有的合作空间和区域协同需求,这为跨域产业经济协同发展提供了机遇。目前,有不少研究者从理论层面研究了成渝西昆菱形(钻石)经济区产业经济发展的路径,不过许多研究是从行政体制、政策制度、资源配置等角度着眼,甚少涉及从协同发展视域去探讨区域间的产业经济布局问题。因此,关于经济区产业经济发展的优化路径还有很大的研究空间。作为新的区域产业经济发展模式,菱形(钻石)经济区内产业经济发展的演化趋势及前景如何?产业经济发展面临哪些问题?存有哪些动力机制?关于这些问题,目前还缺少以协同发展为视角进行的相关研究。

第六章 成渝西昆菱形(钻石)经济区区域产业经济协同发

　　成渝西昆菱形(钻石)经济区是西部地区产业经济发展活跃、发展优势明显、基础良好的城市经济区,其产业经济的跨区域协同发展对国家实现东西平衡,促进共同富裕具有较强的战略意义和示范意义。要切实推动成渝西昆菱形(钻石)经济区产业经济协同发展,需要以产业经济布局为入手点,建立互补的产业经济发展格局。但是,在传统的行政格局中,地方管理者常常出于行政锦标考虑,在区域产业经济发展中普遍出现地方保护主义,"诸侯经济"尚未杜绝,阻碍了产业经济发展要素的有序流通。因此,需要利用区域协调和区域发展的思路和方略,从政府间的协同、市场需求配置、资源流通等方面着力,打破现有的行政区域壁垒,解构地方保护主义,提高区域间的协同发展,让资源、人力、财力等实现跨区域流动,从而促进成渝西昆菱形(钻石)经济区的高质量发展。

　　为了切实推动成渝西昆菱形(钻石)经济区产业经济协同发展,本研究在分析成渝西昆菱形(钻石)经济区产业协同发展的现状和问题的基础之上,提出当前成渝西昆菱形(钻石)经济区产业经济协同发展的主要障碍包括:协同发展理念缺乏、交通运输基础设施支持力度不够、区域协同创新有待提升,互联网与产业经济发展间的融合创新不足等。笔者通过分析产业经济协同发展的动力机制,认为在协同发展视域下,成渝西昆菱形(钻石)经济区产业经济协同发展的路径主要是:通过发挥政府协调功能,破除行政壁垒;完善基础设施,助力互联互通;统筹谋划产业布局,发挥产业链辐射效应;结合区域特色,引领产业经济发展模式融合创新。

第一节 成渝西昆菱形(钻石)经济区产业经济协同发展的现状与问题

一、成渝西昆菱形(钻石)经济区产业经济协同发展的现状

成渝西昆地区通过三线建设、西部大开发等重要战略举措,已经建设成为我国重要的军事工业、加工制造业基地,成为西部地区产业经济发展的有力支撑。从目前来看,该经济区产业经济发展的基础较为雄厚,门类齐全,综合配套较为完善,同时辅之该区域丰富的自然资源、源远的合作历史、较高的文化认同等要素。从成都、重庆、西安、昆明产业经济的发展现状及协同水平来看,成渝西昆菱形(钻石)经济区的产业经济协同发展在我国产业经济发展中占有重要地位。

成都作为天府之国,是南丝绸之路和长江经济带的起点,重庆作为长江流域的重要城市,是长江经济带上游的中心城市,昆明作为连接东南亚的门户,是我国南丝绸之路的出口,西安作为历史文化古都,是北丝绸之路的起点。[1]西安2020年GDP为10020.39亿元,同比增长5.2%,成都为17716.7亿元,同比增长4.0%,重庆为25002.79亿元,同比增长3.9%,昆明为6733.79亿元,同比增长2.3%。四市经济总量达59473.67亿元,约占12个西部大开发省区市经济总量的26.5%,该数据统计还不包括经济区内覆盖的其他市区。从国内地理空间分布来看,成都、重庆、西安、昆明四地间的空间距离较为均等,约为800—900公里,综合交通网络体系较为便捷,现代产业体系日渐完善,市场空间较为广阔、科技领军人才优势较为明显,文化认同度高,具有成为我国经济又一个增长极的基础条件[2]。

成都市作为连接西南、西北和华中的区位纽带,具有丰富的资源、

---

[1] 史本山. 成渝西昆菱形经济圈:"一带一路"的桥头堡[J]. 西南交通大学学报(社会科学版),2015(3),4.
[2] 李渝、欧芫希、赵清. 成都首提构建成渝西昆菱形经济圈[J]. 中国西部,2015(9),11.

第六章 成渝西昆菱形(钻石)经济区区域产业经济协同发

人力、研发优势,产业经济发展基础良好。新中国成立以来,成都市的产业经济发展规模实现了由小变大,发展层次由低变高,发展实力由弱变强,完成了从省会城市到区域性中心城市再到国家中心城市导向的升级。成都在《2017年中国城市商业魅力排行榜》中位居新一线城市榜首,近年来成都市以加快产业经济发展转型升级为主体,以提升统筹决策、商贸物流、金融服务为导向加快现代产业体系建设。目前,成都市作为电子信息产业基地、新材料产业基地、新能源产业基地,在全国乃至全球都占有重要地位,已被国家列为国家服务业综合改革试点城市。但是,与东部发达城市的产业经济发展相比,成都市在经济总量、工业增加值、金融业增加值等方面都还存在一定的差距,具体表现为:其一,格局散乱,产业集中程度还不够高。目前的机械行业、食品行业、医疗行业、电子信息等四大支柱产业规模还比较小;其二,产业经济布局与重庆、昆明等地的主导产业之间竞争有余而互补不足;其三,产业结构不合理,现代服务业发展较为滞后,生产与市场服务业水平还有待进一步提升。

重庆市是西部地区重要的工业产业基地,近年来该市充分利用地理空间优势、生态环境优势、产业发展优势等,加快推动产业经济优化升级,不仅激活了原有的老工业基地,更是形成了重要的电子信息集群、汽车产业集群,战略性新兴产业发展迅速。2019年重庆地区生产总值达23605.77亿元,同比增长6.3%,居中国城市第四位。2020年实现地区生产总值25002.79亿元,同比增长3.9%。但是,重庆市的产业经济发展仍然存在发展速度快但整体水平不足的现实,表现在:首先,该区域仍然是劳动力输出为主,对劳动力的吸纳能力还有待进一步提升,例如2020年跨省流动人口就达481.14万人,其中跨省流出人口为261.78万人。其次,工业增加值大,2020年统计数据显示重庆市全年工业增加值6990.77亿元,比上年增长5.3%。其中仍以传统的汽车、摩托车产业为主,汽车产业增加值同比增长10.1%,此外,装备产业、医药产业也在不

· 113 ·

断增加,分别增长2.9%、4.5%,最后,服务业发展速度快,规模大,全年规模以上服务业企业营业收入4458.38亿元,比上年增长5.4%。但尚未形成优势行业和明星企业。

随着"一带一路"建设的深度推进,西安市对外贸易得到迅速发展,产业经济发展的内外环境不断优化。从目前来看,主要以装备制造业为主,区域产业的集聚效应正在逐步形成,战略新兴产业发展潜力巨大,目前已经布局数个千亿集群的战略新兴产业。近年来,该市大力推动电子商务与产业经济的深度结合,包括利用大数据、云计算、物联网推进工业制造业的发展。从2018年至2020年,西安市出台了《西安工业补短板实施方案》《西安汽车产业发展规划2018—2025年》《西安装备制造业产业发展规划(2019—2021年)》《西安市支持工业园区发展的实施意见》等系列规划,为产业经济发展和产业升级提供了重要的政策引导和支持。但是从目前来看,西安市的产业结构与其他国家中心城市相比,第三产业比例突出,但产业门类特征不明显,第二产业占比较低,工业发展缺乏产业链。

昆明市整体上呈现三大产业全面发展的态势,其中以商贸旅游业为主的第三产业是重点,现代物流业开始初具规模,新型加工业呈现加速发展的趋势。近年来,昆明市大力发展会展业等,已经成功举办第二届中国—南亚博览会、昆明泛亚国际农业博览会等。同时,昆明还在综合保税区的发展建设上取得了较为显著的成果。借助丰富的自然资源大力发展旅游业,通过政策优势助力旅游业的长足发展,例如实行72小时过境免签等政策。虽然三大产业取得了长足的进步,但是产业结构依然存在问题,第一产业和第二产业占比超过世界平均水平,第三产业发展还不足。具体表现为:其一,第一产业中粗放型农业占比较大,农业企业规模小,农产品加工规模不足;其二,第二产业中以中低档产品供求为主,产业链纵深不足;其三,第三产业仍以传统服务业为主,以金融、保险为代表的新兴行业发展不足。

第六章 成渝西昆菱形(钻石)经济区区域产业经济协同发

从成渝来看,由于成渝邻近的地理位置及亲近的文化认同,成渝经济区开发的历史在菱形经济区中是最长的,两地在长久的合作中已经具备良好的沟通协作基础。目前,成渝地区正在加快发展现代产业体系,共同推进两地的农产品加工、金融、服务、装备制造等产业的发展。例如,在交通基础设施方面,2021年6月21日,国家发改委、交通运输部出台了《成渝地区双城经济圈综合交通运输发展规划》,明确到2025年成渝地区各主要城市之间将实现1小时通达。交通基础设施不断完善,两地已经具备了成渝高铁,加上"渝新欧""蓉欧"等国际货运班列,该区域将通过唱好成渝产业经济发展"双城计",积极推进现代物流产业区域协同发展。

从成西来看,成都、西安分别是西南和西北的产业经济核心区,都推崇创新驱动发展战略。在服务业方面,两地努力构建西部创新中心,借助"一带一路"倡议和菱形经济区,成西可以更好地实现产业经济发展资源的优势互补。在交通基础设施方面,2017年成西高铁已经通车,极大地缩小了两地之间的地理距离和要素周转期。与成渝相比,成西具有更高的区位互补优势,成都面向西南,西安面向西北,联通了西南与西北区域,产业经济协同发展空间广阔。

从成昆来看,成都昆明产业经济协同发展基础良好,两地目前主要集中发展科技服务、旅游,通过资源和技术共享,共同加强电子信息产业的合作。一方面,成昆区域有丰富的旅游资源,可以利用共同的自然人文要素打造共同的旅游品牌。另一方面,云南面向东南亚,拥有多个商贸发展口岸,成昆产业经济合作可以共同打造面向东南亚国家的产业经济格局,拓展成昆市场容量。

从以上的分析中可以看到,成渝西昆菱形(钻石)经济区的产业经济协同发展,在地理、人文、既有经济发展中已经具有一定的基础,并且装备制造、电子信息等领域还在全国形成了较为明显的优势。但是,从实际运行情况来看,四地在产业经济协同发展中并未真正产生协同效应,主要表现为:成渝西昆四城同属西部城市,在全国产业经济发展布局中的层次都还不够高,产业发展水平层次相似,对资源的需求、市场面向等都十分切近。因此,成渝西昆菱形(钻石)经济区在产业经济协同发展中会出现资源争夺、市场竞争等,面临的地方博弈困境突出。此外从目前来看,成渝西昆菱形(钻石)经济区产业经济协同发展只是从交通与基础设施着手破解产业经济发展困境,关于市场、行政壁垒等问题的探讨,现有的研究还需要进一步深入。

二、成渝西昆菱形(钻石)经济区产业经济协同发展存在的问题

(一)地方行政壁垒尚未破除,协同发展理念有待提升

成都、重庆、西安、昆明在制定产业经济发展政策和进行产业经济布局时,区域协同的理念还有待进一步深入。地方行政壁垒是现代行政管理体系难以回避的问题,背后潜在的地方利益阻碍了生产要素的自由流动。从现实来看,空间层面的行政区域壁垒是最为普遍的,例如地方保护主义。在区域发展中,在地方行政锦标效应下,地方政府间的竞争将使地方政府设立最有利于本地产业经济发展的条款。例如,通过地方政策约束资金、技术、劳动力等要素的跨域流动,在原本自由流通的要素循环中人为设定界线,强制分割。随着区域一体化发展的趋势不断加强,这种行政保护主义不但没有被遏制,反而以更加隐蔽的方式存续。例如异地资质认定不统一、招标中的地区偏向等。整体来看,地区间的行政壁垒既包括行政管理性壁垒,也包括区域协同壁垒,前者主要是政府的行政流程、事务审批手续等事务性的干预,后者主要聚焦于由于区域发展产生的地方需求不同所导致的政策偏差。从当下来看,成都、重庆、西安、昆明四个城市的人均GDP不慎均衡,不同的经济发展水平将导致地方政府发展的重点出现差异:发展水平较高的地方,政府将更加注重高新技术产业的发展,并且不断淘汰落后产能,同时兼顾公共服务性产业的发展;经济水平稍低的地区仍将长期着眼于经济

收入的增长。这种发展重点的不一致,将导致不同地方政府的产业经济发展政策出现偏差,进而产生产业发展协同壁垒。在各种各样的行政壁垒下,由于资源、设施、市场的共享性有限,各地为了促进自身经济的发展,争相完善自身的产业经济发展体系,便形成了一些不必要的重复性建设、重复性投入,带来了资源的不必要浪费,也在一定程度上阻碍了成渝西昆菱形(钻石)经济区产业经济的协同发展。

(二)交通运输条件支持力度不够

1.交通基础设施与区域协同发展要求不匹配。随着西部大开发和"一带一路"发展倡议的推进,成渝西昆菱形(钻石)经济区的交通运输有了明显的改善,但是对于快速的产业经济发展需求而言,其发展的速度和水平依然有待进一步提升。从铁路来看,目前开通了动车高铁的只有成渝、成西,成昆、渝昆、西昆等城市之间的铁路运输时间依然长达10小时以上。由于铁路运输的成本大大小于公路、航空等运输方式,铁路建设将很大程度上影响产业经济发展的成本,进而影响产业经济的区域协同发展。

2.区域间的物流网络难以满足各地产业资源优化配置的需求。随着"一带一路"建设的进一步深入,成渝西昆菱形(钻石)经济区的产业经济发展市场被拓展,需要产业经济发展提升水平与规模,这些都需要完善的物流网络予以支持。但是,由于本位主义、地方利益所产生的行政壁垒制约,成渝西昆菱形(钻石)经济区的物流网络建立尚不完善,其专业性也还有待进一步提高。物流网络决定了生产要素流转的时效和成本,目前成渝西昆菱形(钻石)经济区的物流网络体系已经难以满足该区域产业经济的发展需求,不利于资源的有效、有序配置。

3.运输市场的规范性欠缺阻隔了各地联通的灵活性。成渝西昆菱形(钻石)经济区的运输市场结构表现为以公路运输和民用航空运输为主,公路运输的特征是机动、灵活,可以让交通运输精准到点,是目前运输市场中的主力。民用航空运输的突出优势是快速、安全,但是成本高,因此,在运输市场中这些运输范式都有自身的局限。铁路运输的特征是安全、快速、成本低,但是由于铁路网络建设的束缚,铁路运输在成渝西昆菱形(钻石)经济区产业经济发展中的优势并未充分释放。从目前来看,该经济区的公路、铁路、民用航空在产业经济发展中的优劣势尚未得到弥合,这会束缚运输市场的竞争和产业经济发展要素的合理、有效配置。此外,成渝西昆菱形(钻石)经济区的运输市场目前的协同水平还较低,其分工尚停留在提高流通率层面。随着产业经济市场需求的后续发展,运输方式的质量问题将日渐凸显。如何实现各种运输方式有效搭配,减少同业竞争,这将是未来运输市场的必解之题。

(三)产业经济协同动力不足

总体来看,成渝西昆菱形(钻石)经济区产业经济发展以区域服务性产业的协同合作为主,生产性尤其是工业制造业方面的协同在目前仍然不足。具体表现在:首先,跨区域的产业经济合作仍然比较欠缺,产业经济协同发展受行政区划、交通、资源、人力等生产要素的束缚比较明显。其次,对新兴产业经济的重视还有待提高。从目前来看,成渝西昆菱形(钻石)经济区产业经济中的制造业高端化趋势不明显。在布局上该经济区的生产性服务业仍然停留在传统服务业,包括食品制造加工业、酒店行业等。在金融服务业、高新技术产业以及战略性新兴产业等方面还未形成有力的竞争优势和发展格局。最后,产业经济协同发展的开放程度还有待提升。一方面体现在现有的区域间的合作不足。成渝西昆菱形(钻石)经济区产业经济发展,目前仍然是以区域内部或者局部区域间的合作为主,以服务业为代表的产业经济开放程度仍然比较欠缺。由于缺少区域间的沟通、融合,缺少发展的对比,从而抑制了创新积极性。另一方面体现在产业经济的某些行业门槛过高,人为降低了开放性,影响了产业经济的发展。例如,金融行业、保险行业及其他的公共事业等设置了较高的注册资本门槛,抑制了这些行业的创新积极性。

第六章 成渝西昆菱形(钻石)经济区区域产业经济协同发

(四)区域协同创新有待提升

1.四地在区域产业经济协同发展中的定位不够清晰。目前,成渝西昆菱形(钻石)经济区产业经济协同发展中的重要问题是成都、重庆、西安、昆明的产业经济发展定位。四城都处于西部地区,在经济发展、产业结构、文化理念等方面相似程度高。因此,四地在产业经济发展中的发展定位存在重复现象。故而,成渝西昆菱形(钻石)经济区内的其他城市应该围绕这四个核心形成产业经济发展聚集圈。一方面,要在确定四城核心地位的前提下,找到四个城市发展的利益聚焦点;另一方面要以共同利益为导向,优化战略统筹,成立专门的战略统筹部门,明确成都、重庆、西安、昆明四城在产业经济协同发展中的功能定位。

2.相同产业协作不足。成渝西昆四地之间的产业经济发展实力并未在产业经济跨域协同发展中形成合力,甚至还存在不同程度的产业竞争。[①]例如有研究者通过灰色关联度得出结论,认为菱形经济区内四个城市的三大产业结构具有相似性,同构化现象明显,各个新区之间的合作交流还有待提升。其中水利、电燃水、文化、金融等行业的竞争关系最强,科技、制造、教育等行业竞争一般,农业、仓邮、采矿为一般互补,建筑业为强互补,成都、重庆、西安、昆明这四个核心城市集中在水利、金融等行业的强竞争关系,必然会对整个成渝西昆经济区产业经济协同发展造成影响。

3.产业结构总体相似度较高,产业重合度较高。分工协作是经济区形成和发展的关键,对产业经济发展进行合理的地域分工是各地经济优势得以整合的重要前提,如此方能形成独具特色的区域生产部门,提升经济区的整体竞争力。[②]成渝西昆菱形(钻石)经济区的产业结构趋势在目前为农业基础较好、二产业比重较大、三产业上升速度较快,形

[①] 贾蓉,柳卸林.长江三角洲跨行政区域创新体系的研究[J].科学学与科学技术管理,2006(8),44—50.
[②] 李梦宇,熊承雪.成渝西昆"菱形"经济圈产业结构与分工的测度研究[J].四川行政学院报,2015(6),90.

成二、三产业共同推动的格局。但是四个城市之间的分工协作尚未真正实现一体化。有研究通过测算四城现代产业体系发展指数,认为其协调度、集聚度和竞争度指数目前都是低于长三角、珠三角和京津冀城市群的。[①]从现有研究成果来看,成都、重庆、西安、昆明的现有产业结构较为雷同。例如重庆市作为直辖市,长期以来产业经济发展的配套政策都较为完善,经济发展速度较快、水平较高,工业基础比较扎实,有相对独立的产业体系,以发展汽车、电子信息、高端交通设备、新材料等产业为主[②];成都天府新区也是以汽车、电子信息、新材料等产业为主;西安的主导产业为高新技术产业、装备制造业和现代服务业;昆明的主导产业为有色金属、生物医药、电子信息、文化旅游等。从四地的产业经济发展重点来看,重合度较高的产业包括电子信息、汽车产业、生物医药、航空航天、新材料等。

(五)互联网与产业经济间的融合创新还有待提高

"互联网+"是产业经济发展的外在助推力,互联网与产业经济间的融合创新程度,与成渝西昆菱形(钻石)经济区产业经济协同发展的前景紧密相关。随着现代通信技术的日新月异,互联网技术作为产业经济发展的重要推力取得了快速发展。李克强在"互联网+"行动计划中指出,"要利用好互联网集成和优化要素资源配置的优势,推动互联网与传统产业融合创新,促进虚拟经济与实体经济深度融合,由消费领域向经济生产领域拓展,发展新的产业生态"。在这样的情境下,中国产业经济结构升级已经刻不容缓。但是从目前来看,一方面,"互联网+"对产业经济发展具有滞后效应,既表现为网络基础设施建设难以跟上,也表现为互联网技术发展的相关政策没有及时跟进。另一方面,"互联网+"驱动成渝西昆菱形(钻石)经济区产业经济结构优化升级缺乏效

---

① 李梦宇,熊承雪. 成渝西昆"菱形"经济圈产业结构与分工的测度研究[J]. 四川行政学院报,2015(6),90.
② 徐翔,陆国斌,王超超. 成渝区域创新体系建设研究[J]. 中国科技资源导刊,2019(5),21—25.

率。由于区域内地区差异的存在,互联网驱动产业经济结构优化升级的效率与该地经济发展水平并非完全同向发展。

第二节 成渝西昆菱形(钻石)经济区产业经济协同发展动力机制研究

动力原本指机器的构造和工作原理,现在通常用来比喻推动事业前进的力量,机制往往指的是有机体的构造、功能及其相互关系,故而动力机制常常指的是各种力量、要素间的相互关系是如何推动事业前进的,即"复杂系统中各因素之间相互联系、相互制约的方式和运行原理及内在规律"。[1]产业经济发展的动力机制,指的是推动产业经济发展所必需的包括资源配置、信息流通、人力资源、技术研发、政策环境等因素在内的动力及各动力对产业经济发展起作用的手段及内在规律的综合。在不同的发展区域,会组合成不同的产业经济发展动力机制。研究产业经济动力机制,可以借助历史经验及发展规律,针对具体情境,提出恰当合理的产业经济发展策略,推动产业经济进一步发展。

综上,产业经济发展动力机制其实是动力机制在经济研究中的体现,是产业经济发展中制度、人力、资源、技术等要素的作用力及作用方式组成的综合系统,能够为产业经济发展提供支持动力。只有各项要素相互促进,形成合力,才能推动产业经济有序、快速发展。

一、区域产业经济协同发展动力机制

随着全球化和区域一体化的进一步发展,产业经济协同发展的动力已经不再局限于单个地方主导的动力机制了,而是市场需求、制度安排、资源集聚等各类要素跨域形成的综合动力机制。对于跨区域的经济发展圈来说,产业经济发展的动力机制有一般地区产业经济的发展

---

[1] 宁越敏. 新城市化进程——90年代中国城市化动力机制和特点探讨[J]. 地理学报,1998(5),88—9.

特征,也有自身特别的发展动力。本研究将结合成渝西昆菱形(钻石)经济区产业经济的发展特征,通过分析它的动力机制,从而构建该经济区产业经济协同发展的动力机制的分析理论框架,为我国的区域产业经济协同发展提供指导。

(一)普遍动力

普遍动力指的是促使产业经济产生并不断发展的普遍动力,是所有产业经济发展进程的一般规律。[1]本研究通过对学界现有的产业经济动力机制的研究进行分析,得出区域产业经济协同发展的普遍动力包括农业、工业、第三产业以及政策制度:农业生产是区域产业经济协同发展的原始动力,为产业经济协同发展提供了最普遍的动力。

1.农业是人类最早从事的生产性活动,随着农业生产水平的提高,与农产品相关的农业资源开始逐渐走向市场。近现代以来,随着人口的增加,人类对农业发展的需求不断扩大,不断刺激农业进行规模化生产,于是出现了专门从事农业生产、销售的从业人员,推动了农业的产业化进程。并且,以增加粮食产量、粮食保存为核心,开始出现了农业机械产业、农业化工业、农产品加工业等。尤其在我国,人口众多,对农业的基础性保障作用更为强调,农业对产业经济协同发展产生的动力效应更加明显。

2.农业现代化水平的提高不仅提升了农业的生产效率,也增加了农业相关从业人员的收入,缓解了人地紧张关系。随着农民收入和农产品存量的增加,他们的消费能力、再生产能力也相应被提升,既可以将更多的收入投入到其他产业的发展中,也可以借助富余的农产品不断拉动农产品加工业。

3.由于农业生产技术的提高,农业产出量不再取决于从业人员的多寡,越来越多的农民摆脱了土地的依赖向其他产业转移,大量的劳动力从

---

[1] 宁越敏. 新城市化进程——90年代中国城市化动力机制和特点探讨[J]. 地理学报,1998(5),88—9.

农业生产中被解放出来,为第二产业、第三产业的发展提供了富余劳动力。

工业化是区域产业经济协同发展的根本动力。工业化一直是产业经济协同发展理论的重要关注点,其本质是经济结构的演变过程[①],体现在现代工业的兴起、市场制度的建立和完善。[②]就工业化与产业经济协同发展的关系来看,大量研究学者已经做出了自己的判断,例如经济学家克拉克、库兹涅茨等认为是工业化导致了经济的发展。其实,无论是从国外还是国内来看,产业经济的协同发展历程都是伴随着工业化的发展而起飞的,工业化是产业经济发展的有力引擎,是产业经济发展的根本动力。首先,工业化会使人类社会由不发达经济社会向发达经济社会转变。以制造业、生产流水线、机械化操作为代表的工业化使经济产品由初级手工生产走向制造业,提升了产业经济的发展规模和水平。其次,工业化可以使人类社会摆脱传统农业社会的束缚,向发达的现代工业社会迈进,以效率和经济化为原则的工业社会将会成为产业经济发展和结构转变的根本纽带。恰如刘伟所认为的"工业化提供了一种社会经济发展摆脱内在限制而不断加速前进的能动力量,并且改造和扩展了社会经济运行过程的内部框架,为人本身的进步和自由充分发展创造了新的历史空间和现实可能性"。最后,工业化还可以扩大产业经济的纵深辐射,创造更多的产业经济形态。例如工业化发展对交通基础设施的需求推动了高铁、航空、地下交通运输业的发展,而工业化带来的制造业装备生产、精密仪器生产等,使机器取代人力,不仅促进了经济的发展,还把人从繁重的程序性劳动中解放出来,更有可能从事创造性、服务型行业。总体来看,工业化是产业经济发展的根本动力,二者相互作用,共同发展。

第三产业的崛起是区域产业经济协同发展的后续动力。随着产业

---
① 胡伟,柯新利. 中国城镇化、工业化协同发展的区域差异及演变路径[J]. 城市问题,2015(10),12.
② 王理. 工业化与经济发展关系的再认知[J]. 信阳师范学院学报(哲学社会科学版),2008(2),39—40.

经济的不断发展,推进区域产业经济协同发展的基础设施、资源等传统要素的优势终将消失殆尽,不能支持产业经济的快速发展。因此,产业结构升级是区域产业经济协同发展的持续动力,其中第三产业和新兴产业将是其中的关键。其一,第三产业专注于为人提供高质量、全方位的发展和服务。其二,第三产业往往是基于人的产业,人作为社会的根本存续,只有将人作为产业经济发展的根本着眼点,才能为区域产业经济协同发展提供持续支持。其三,新的产业形态为区域产业经济协同发展带来了新的生命力,驱动产业经济内容的多元化、产业经济过程的智慧化,符合大数据时代的产业发展要求,是产业经济未来的发展趋势。

最后,政策制度是区域产业经济协同发展的引导和保障动力。政策制度作为行政权力的象征,对区域产业经济协同发展的引导和保障作用主要体现在政府对其的态度和行为。在我国产业经济发展中,行政手段从未缺席,政府对产业经济的调控是产业经济发展的决定性要素之一。对于跨域经济区而言,由于涉及不同行政区,地方本位主义明显,产业经济发展更加需要政府行政手段的指导。

①政策制度可以引导协调区域产业经济协同发展的方向和结构。通过宏观统筹产业经济的发展现状和发展潜力,寻求产业经济在跨域经济区中的合理发展,积极探索产业经济发展的有效途径。宏观上通过对发展理念等进行把控,发挥行政制度的导向性作用,积极引导各种要素参与到区域产业经济协同发展中去。

②政策制度为区域产业经济协同发展提供财政支持。对于跨域经济区的产业经济发展而言,如果单纯强调市场的作用,会导致区域间的竞争白热化,不利于地区均衡发展。实践证明,政府可以制定有针对性的财政扶持计划,例如通过税费手段控制产业发展布局、通过精准扶持带动相关产业发展等,对促进产业经济有序发展将起到积极效果。

③通过出台相关政策,保障产业经济的合理发展。例如通过政策

来指导生产要素合理流通,运用行政手段控制和调整产业发展的融资体系,运用行政政策修建基础设施带动落后地区的产业经济发展。

(二)独有动力

跨域产业经济协同发展的独有动力指的是跨域整合力,主要包括资源整合、互补优势、相互融合程度等因素,它们对跨域产业经济协同发展起着直接的正面及负面作用。

跨域产业经济由于行政区域分割,产业经济发展往往面临多个地方的情境适应,一直以来产业经济发展问题颇多,发展速度较慢。但是,也正是由于跨越多地的发展情境,孕育出联系性、互补性、共享性结合的独有发展情境。在这样的情境中,人才、资源、技术、基础设施、市场等产业经济发展要素可以跨区域流动,区域间的产业发展、整合等愈加紧密,整合性效应不断凸显。跨域经济区的区位优势凸显,区域间的互补作用提升,生产要素流动加快,使区域间的产业经济发展形成了秩序良好、相互促进的协同环境。这种正面效应可以在一定程度上弥合负面性,为跨域经济区产业经济的快速发展提供重要的推进力(见图6-1)。

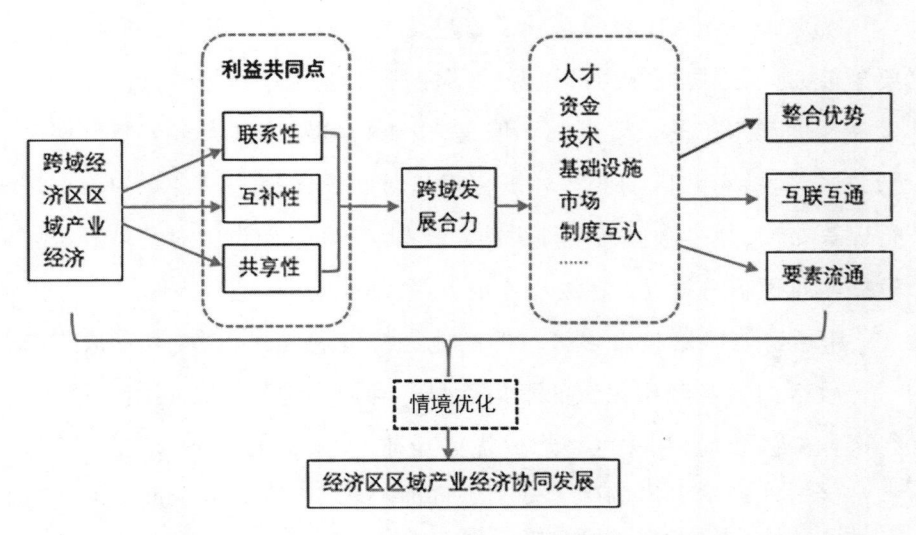

图6-1 跨域经济区产业经济独有动力的运行模式图

(三)辅助动力

辅助动力主要指的是所跨区域的人口、交通设施、资源、环境等动力因素。随着产业经济的进一步发展,在越来越强调跨域经济区产业经济发展质量的背景下,这些动力要素将会愈加显示出重要作用,直接与跨域经济区产业经济发展的质量、水平及可持续性紧密相关。

产业经济协同发展,说到底是经济的发展。由于其涉及跨域的经济区,一方面具有行政分割属性,地方本位主义难以回避,市场、资源、信息等与单一行政区内的经济区相比,有一定的壁垒性,因此产业经济协同发展所要求的整合力有待提高。另一方面,跨域经济区与单一行政区内的经济区相比,区域产业经济协同发展面临两个及以上区域的地域选择。如果某个地域的优势异常明显,将会对各种产业经济协同发展的要素产生"聚拢效应",从而"抽干"另一地域的发展要素,跨域经济区的整合效应被削弱。因此,如果能够有效聚集经济发展所需的市场、资源等要素,促使市场、资源跨域融通,甚至吸引更多的经济发展要素聚集,将从经济发展的需求和市场等方面为区域产业经济协同发展提供活力。

以交通条件为代表的基础设施建设是区域产业经济协同发展的重要条件,是增强协同能力的重要"硬"性基础,是关乎区域协同产业经济发展速度和水平的重要指标。但是,由于跨域经济区大多分属于多个行政区,这些行政区的产业经济在很长时间段内都是以自身为单位进行谋篇布局,缺少融通的硬件设施。例如,交通基础设施对跨域经济区发展的瓶颈制约效应正在逐步体现,这些都需要进一步完善。

跨域经济区聚集着多区域的产业经济发展要素,这使其形成与单一行政区内经济区相比较的聚集优势。利用多地的资源共同发展,进行产业经济布局,相关区域形成优势互补,发展辐射经济,是驱使跨域经济区产业经济发展的强大动力。同时,跨域经济区由于地理的接近性,通常具备相似的自然生态环境,可以共同打造旅游产业、农产品加工业等,故而形成共同的利益连接点是区域产业经济协同发展的持续动力。

(四)区域产业经济协同发展动力机制分析框架

基于前面对区域产业经济协同发展动力机制的分析,可以得出:区域产业经济协同发展不仅包含了产业经济发展的一般规律和技术动力,也有其独特的动力要素。这些要素共同形成了区域产业经济协同发展的动力机制,主要包括农业区发展、工业化、第三产业和市场需求、政策制度、跨域整合作用力、人才、交通基础设施、技术和资源。其中农业发展、工业化、第三产业都是产业方面对经济发展的动力,统称为经济动力;政策制度主要是指政府通过行政权力作用于产业经济布局、结构调整等,称为行政动力;其他还包括人才动力、硬件设施动力、资源环境动力、技术研发动力、市场需求。本研究通过对这些动力进行深度分析,构建出区域产业经济协同发展动力机制的分析框架,也为成渝西昆地区产业经济协同发展的动力机制分析奠定基础,详见图6-2。

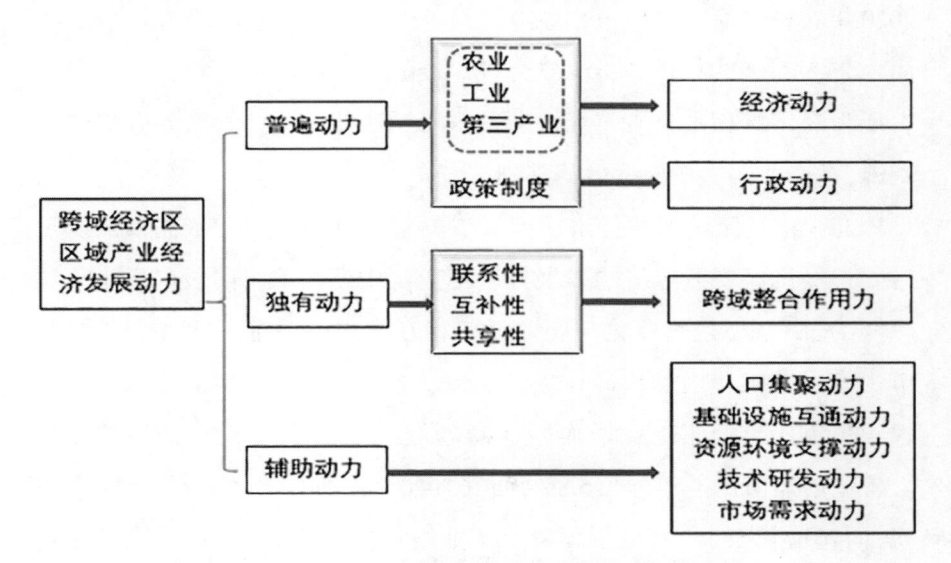

图6-2 区域产业经济协同发展动力机制的分析框架图

二、成渝西昆菱形（钻石）经济区产业经济协同发展动力机制分析

以区域产业经济协同发展动力机制的分析框架为指导，在对成渝西昆菱形（钻石）经济区产业经济协同发展的历程、现状、存在的问题进行分析的基础上，本研究将产业经济协同发展的动力机制从内容上分为经济发展动力、政策制度动力、跨域整合作用力、人力集聚动力、基础设施动力、资源环境动力、技术研发动力、市场需求动力八大类型；从属性上分为区域层面的客观环境动力、国家层面的主观布局动力和自身层面的主观需求动力。

（一）从动力内容来看

1.经济发展动力。农业是区域产业经济协同发展的基础动力。目前成渝西昆地区农业产值增加平稳，成都市2020年农林牧渔业总产值1071.9亿元，比上年增长3.3%；重庆市2020年农林牧渔业总产值为2749.1亿元，比上年增长5.0%，全年粮食总产量为1081.42万吨，比上年增长0.6%；西安市2020年粮食产量144.58万吨，同比增长3.4%；昆明市2020年农林牧渔业总产值519.50亿元，比上年增长5.7%，全年粮食种植面积23.34万公顷，产量103.65万吨，比上年增加1.4%。农业持续向好发展为经济区区域产业经济发展中的农产品加工业、餐饮业等提供了资源，是产业链纵横向发展的基础。

工业化是区域产业经济协同发展的根本动力。目前成渝西昆菱形（钻石）经济区产业经济的发展处于工业化中期的前半阶段向后半阶段转变的过程中，是工业化与产业经济相互推进的关键期。2020年成都市规模以上工业增加值同比增长5.0%，电子信息产品制造业增长高达14.4%；重庆市全年工业增加值6990.77亿元，比上年增长5.3%，规模以上工业增加值比上年增长5.8%；西安2020年全部工业增加值1828.59亿元，同比增长5.8%，其中规模以上工业增加值增长7.0%；昆明全部工业增加值1324.98亿元，比上年增长0.7%，规模以上工业增加值增长0.9%。工业快速发展的背后是成渝西昆产业经济的迅速发展，目前成渝西昆

工业化的主战场聚集在各个工业发展园区,主要包括:重庆两江新区、高新技术开发区和经济技术开发区等;西安高新技术产业开发区、曲江新区、浐灞生态区、阎良国家航空产业基地、国家民用航天产业基地;成都高新技术产业开发区,成都经济技术开发区;昆明国家高新技术产业开发区等。随着大量的经济开发区、科技城、产业孵化基地的建设,有效地推动了成渝西昆经济区区域产业经济的协同发展。

第三产业是区域产业经济协同发展的持续推进力。2020年,成都市第三产业增加值为11643.0亿元,增长3.6%,在三次产业结构中占比65.7%,对经济增长贡献率为52.2%;重庆市第三产业增加值13207.25亿元,增长2.9%,在三次产业结构中占比52.8%,全市规模以上的服务业企业营业收入4458.38亿元,同比增加5.4%;西安市第三产业增加值6379.37亿元,增长4.2%,在三次产业结构中占比为63.7%,金融业、货物运输、邮政、仓储业稳定增加;昆明市第三产业增加值为4318.51,增长2.5%,邮政、金融业等保持平稳发展。展望未来,成渝西昆经济区的工业、服务业将在产业经济发展格局中齐头并进,第三产业是区域产业经济协同发展的未来动力。

2. 政策制度动力。在我国,产业经济发展历经了计划经济、市场经济阶段,计划经济曾经作为产业经济发展的重要体制最明显的就是政府的行政权力在经济发展中过度干预。虽然经历了市场经济改革,但是政府的行政手段依然是产业经济发展不可忽略的重要因素,也是产业经济得以有序发展的重要动力,这也是由我国特色的制度和国情共同决定的。对于跨域经济区而言,产业经济协同发展的内生动力较弱,更加依赖政府的行政导向、政策扶持和制度规范。从成渝西昆菱形(钻石)经济区产业经济的发展中我们可以看到,产业经济协同发展有明显的行政介入现象。无论是"一带一路"建设、长江流域经济带建设,还是成渝经济区、西部大开发等战略部署对该经济区产业经济发展均起到了显著作用。合理的政策引导,有序的制度规范将会增加对外部产业的吸纳力,加快产业经济的集聚和推陈出新。行政权力相对于市场需求变化更具稳定性,将驱动成渝西昆菱形(钻石)经济区产业经济稳步发展。

3.跨域要素整合力。跨域整合作用力是跨域经济区的外生动力,也是跨域经济区独有的动力因素,主要包括资源整合、互补优势、相互融合程度等具体因素,这些因素将直接影响区域产业经济协同发展,但是这种影响效应是否都是正面的还要具体分析。成渝西昆作为西部地区的重要城市,跨域整合效力比较明显,且较具特色。通过对成渝西昆四城之间的产业结构和资源等进行对比分析,可以发现成渝西昆菱形(钻石)经济区的产业经济发展在未来具有较大优势。首先,从资源条件来看,成渝西昆菱形(钻石)经济区有强大的资源转化力,重庆、成都辖区拥有重要的水利资源,以三峡工程为代表的水电开发、以川东北天然气为代表的气田开发等,是跨域整合作用力在资源方面的重要彰显,将会助力产业经济发展。其次,从区位条件来看,成渝西昆区位优势明显,作为"一带一路"的重要城市,既是北丝绸之路的重要连接点,也是面向东南亚的经济发展区域,其资源要素流动空间远远超出了我国的西部区域范畴。既可以整合国内外生产要素,也可以扩充国内外市场,其产业经济协同发展亟需跨域整合力的释放。最后,从既有的发展特色来看,成渝西昆菱形(钻石)经济区在产业经济方面具有发展互补的优势,为其产业经济的协同发展提供了基础。

4.人力集聚动力。人才动力是区域产业经济协同发展的第一资源与核心要素,是提升产业经济发展水平,促进产业经济结构优化升级的重要保障与核心力量。根据第七次全国人口普查的数据显示,成都市常住人口为20937757人,与2010年第六次全国人口普查相比,增加5818917人,增长38.49%;重庆市常住人口共32054200人,与2010年第六次全国人口普查的28846200人相比,增加3208000人,增长11.12%;西安市常住人口为12952907人,与2010年第六次全国人口普查的

8467837人相比,10年共增加4485070人,增长52.97%;昆明市常住人口为8460088人,比2010年增加2027876人,增长31.53%。从现有的数据统计来看,成渝西昆菱形(钻石)经济区人口总量大,发展潜力好。随着区域产业经济发展协同性的加强,未来仍然会有不少其他区域的人口流入该区域。同时,近年来,随着东南沿海流动人口的西部回流趋势加强,客观上为成渝西昆菱形(钻石)经济区产业经济的协同发展提供了人力基础。外出人员的回流不仅会增加本区域产业经济发展的劳动力,还会把习得和掌握的知识、技术、资金、理念、市场等要素投诸到本地产业经济的发展中,将会直接提升该经济区劳动力的素质和产业经济发展的水平。随着国家东西平衡战略的提出,成渝西昆菱形(钻石)经济区在未来将会有更多的发展机遇,也将会有更多的人员向西部回流。区域内产业经济发展水平的不断提升,产业集群优势的凸显和旅游、新兴技术等产业的发展,将会创造大量的就业机会,这些都能有效推动成渝西昆菱形(钻石)经济区劳动力的回流,为区域产业经济协同发展提供强大的人口动力。

5.基础设施动力。对于跨域经济区而言,基础设施是提升产业经济发展竞争力和吸引力、发挥跨域经济区的区位优势、扩大对外开放、增强区域协作能力的重要条件,其中关键是交通网络的建设和完善。成都、重庆、西安、昆明作为西部地区对外开放的战略高地,既是长江经济带和丝绸之路经济带的"交汇点",也是21世纪海上丝绸之路的"发射点",具有极强的对内联结、对外开放的通道优势。[①]"成渝西昆向北通过成都、西安与欧亚大陆桥相连,贯通了北亚、中亚与欧洲;在南面可以利用成都、昆明及泛亚铁路南通道连接孟中印缅经济走廊及我国西部的出海大通道;向西通过目前的中欧班列网络,可形成通往中亚、欧洲的运输大动脉;向东则可以借助长江水道,发展长江黄金水道通江达海

---

① 史本山.成渝西昆菱形经济圈:"一带一路"的桥头堡[J].西南交通大学学报(社会科学版),2015(3),4—6.

的多式联运"。①未来几年综合交通规划实施,将会极大程度改善和提升成渝西昆菱形(钻石)经济区的交通网络,为产业经济协同发展奠定便利的硬件条件。

6.资源禀赋动力。资源禀赋是区域产业经济协同发展的重要动力,由于区域产业经济通常关涉几个行政区域,相对于单一区域的经济区而言,其资源拥有量往往比较丰富,这也是跨域经济区相较于单一经济区的重要优势。成渝西昆菱形经济区面积广阔,仅成都经济区就涵盖了四川省中的八个市区,面积达7.8万平方公里。②区域内自然资源十分丰富,水资源、钒钛资源、森林资源等均处于全国领先水平。近年来陆续又有大量的自然资源被探测到,丰富的能源资源将为制造业的发展提供重要的能源保障。同时,该区域的农业基础较好,为产业经济发展提供了丰富的粮食、生猪、柑橘、蔬菜、蚕丝、中药材等资源。良好的资源禀赋将为产业经济发展起到支持作用,拓展了区域产业经济协同发展的后续空间,为产业经济未来的协同发展提供了重要的支持力。

7.技术研发动力。高新技术产业是成渝西昆菱形(钻石)经济区的重要产业,包括装备制造业、电子信息、新材料研发、生物技术等,这些产业的共同特点是产业纵向和横向辐射范围广,容易形成产业集聚优势,并对该经济区的周边地区产生产业经济辐射。从成渝西昆经济区产业经济的具体发展情况来看,西安的科研能力在四个城市之中较为领先,航空航天领域的相关产业发展水平优势明显,但是受制于传统的产业基础,其成果转化能力还不够高;成都的电子信息和生物技术研发能力比较强,有充沛的研发人力资源;重庆和昆明制造业基础优势突出,是科研成果转化的重要基地。成渝西昆菱形(钻石)经济区产业经济发展应该结合区域内部的互补优势,形成以成都和西安为中心的研发中心,以重庆和昆明为中心的加工转换中心,从而将其打造成西部高

---

①岳辉."钻石经济圈"综合运输通道布局研究[J].铁道运输与经济,2020(7),8.
②李渝,欧芫希,赵清.成都首提构建成渝西昆菱形经济圈[J].中国西部,2015(9),12.

新技术聚集地。此外,由此形成的技术研发辐射链条,将有效助推成渝西昆产业经济协同发展,缩小东西部差距,实现区域发展平衡。

8.市场需求动力。市场需求是区域产业经济协同发展的动力牵引,与市场需求发生关联是产业经济协同发展的价值导向。从区域产业经济协同发展面向来看,市场需求包括本地市场需求、区域市场需求、国内市场需求、国际市场需求,需求内容涵盖农业、制造业、服务业等。从生产、流通、消费的经济活动链条来看,市场需求对产业经济发展的支撑和推动作用不可替代。市场需求可以为产业经济生产的价值实现提供可能,也可以扩大产品创造的空间,成为产业经济中技术研发和产品开发的动力。随着"一带一路"建设和西部大开发的深入推进,极大地拓展了成渝西昆产业经济发展的市场空间。通过云南面向东南亚市场、通过西安面向北亚市场,通过重庆面向东部市场,通过四川打通西部市场,实现从地方市场到区域市场、从国内市场到国外市场的开拓,极大地拓展了市场需求,这将为成渝西昆经济区产业经济协同发展提供源源不断的推动力。

(二)从动力属性来看

成渝西昆菱形(钻石)经济区产业经济协同发展既符合区域自身发展的需求,也是国家东西平衡战略的体现。因此,从动力属性来看,成渝西昆产业经济协同发展既包括现实产业经济发展环境需求的客观动力,也包括自身区域拓展、联动发展需求的主观动力,还包括优势互补的天然动力。

1."一带一路"与长江经济带联动发展的客观环境动力。"一带一路"建设与长江经济带的发展是推动成渝西昆经济区产业经济协同发展的客观动力。"一带一路"建设构想主张联通沿线地区的资金、技术、人力、资源等,促进沿线贸易发展、民间交流、政府合作。长江经济带力图实现区域内资金、人员等要素的互联互通。二者的共同之处在于突破了传统的地理行政区域,主张实现跨区域合作、跨区域协调,要求关涉区域以构建一个开放、包容、有序的体系为目的,实现各个区域之间的发展一体化、创新一体化,减少长期以来束缚在区域间的体制、机制障碍,统筹域内资源,实现资源共享,这必将惠及成渝西昆经济区的产业发展。例如,"一带一路"建设与长江经济带发展将为该经济区产业经济发展带来巨大的市场需求。"一带一路"建设与长江经济带对于西部地区市场的拓展,不仅体现在国内沿线区域,还体现在国际沿线区域。巨大的市场需求为成渝西昆菱形(钻石)经济区产业经济协同发展提供了重要动力,例如对于新兴产业、新能源产业的需求将带动成渝西昆经济区的产业布局。

2. 区域空间拓展、联动协同发展的主观布局动力。区域空间拓展、联动协同发展与李克强提出的"在国内、国外开放的新格局下,要把全国当作一盘棋,在区域上协调发展,实现资源的最优化配置"相互呼应,成渝西昆经济区就是在这样的背景下提出的。在西部地区产业经济的发展中,成渝西昆四城长期以来扮演着重要角色。随着区域经济的进一步发展,成渝西昆将在"一带一路"建设和西部经济发展中发挥更加重要的功能。一方面,东西部平衡布局难以绕开四川和重庆,另一方面,南北均衡离不开西安和昆明,且昆明是联通东南亚经济区的重要战略要点。故而,成渝西昆经济区的产业经济一旦实现协同发展,将会极大地开拓西部市场,提升产业经济发展资源配置的有效性,从而为减少东西差距,实现南北平衡提供可能性。

3. 优势互补、错位发展的主观需求动力。成都、重庆、西安、昆明是西部地区产业经济发展水平较高的地区,无论是产业经济结构、产业经济水平、科学研发能力、交通基础设施建设等都处于相对领先位置。但是,通过对成渝西昆菱形(钻石)经济区的产业经济结构进行分析,依然可以看到,该区域虽然存在天然的自然地理环境、后天发展区位的差别,但是地区间的互补性还是比较明显的。例如西安的科学研发能力强、文化旅游资源富集,成都高新技术产业和传统休闲文化优势明显,重庆作为重工业基地优势突出,尤其是电子制造业,昆明具有丰富的旅游资源,现代农业发达,生态产业厚积薄发。从发展现状来看,成渝西昆产业经济结构虽然具有雷同性,但是互补潜力大。在"一带一路"、兴边富民等宏观区域发展战略布局下,成渝西昆菱形经济区产业经济的互补性、错位性发展需求推动着该区域产业经济的协同发展。

第三节 协同发展视域下的成渝西昆菱形(钻石)经济区产业经济

无论是从"一带一路"建设还是长江经济带发展来看,成渝西昆经济区的经济位置和战略位置都十分重要。在四地协同合作中,利益无疑是关键,地区利益的竞合会导致四城之间产生恶性竞争,出现重复投入,浪费资源的现象。利益竞合的缓解之策是着眼于协同发展,在区域间建立利益联结机制,形成利益共同体。唯有如此,方能真正以彼此的共同利益为目标,共谋协同发展。为此,要通过建立利益沟通平台,完善合作机制,实现资源共享。

一、发挥政府协调功能,破除行政壁垒

(一)构建畅通高效的政府协调沟通机制,保证产业经济发展要素的有序流通

成渝西昆经济区在四地建立了较为有效的高层政府沟通机制,但对于区域产业经济发展的要求而言,目前的机制3还不足以实现产业经济协同发展中资源的顺畅、有序流动。创新产业经济发展政策,是区域产业经济协同发展中委实重要的保障措施之一,对于跨行政区的产业经济协同发展而言,政策的一体协同是确保发展要素高效、合理、有序配置的基础和前提。成都、重庆、西安、昆明四城现有的产业经济发展政策本位主义较为突出,协同性有待提高,因此,提升区域产业经济发展的政策协同性将是今后提升的重要方面。例如,可以成立成渝西昆

产业经济区区域发展联席会议办公室,共同制定行动方略等,将会进一步优化四地间的现有沟通协调机制,为区域间的政策协同、产业分工布局、资源配置等创造条件

(二)强化共同目标,形成跨域协同合力

成渝西昆菱形(钻石)经济区是以市场需求为基础,以地区发展为目的,地方政府为行政主体的由中央政府批准所形成的,是实现东西平衡的重要战略举措,因此,成渝西昆经济区产业经济的协同发展具有自上而下和自下而上的共识和需求。但是,在实际工作中,由于受到地方性差异、行政多元目标等要素的干预,将会在地方政府间与区域协同一体间产生目标偏差、政策偏差及执行偏差等。强化共同目标实际上是树立共同利益观,通过围绕提升区域间的共同利益,构建区域内各方均能接受的多层次、宽维度的目标体系,引导不同区域间的政策和实践安排以一体化发展为中心,促进区域整体合力的释放。

(三)强化多元行为主体协作,实现区域协调互补

成渝西昆经济区产业经济协同发展不仅关乎政府、企业,还关乎社会组织、公众等主体,这些行为主体与产业经济发展政策的制定、执行、评估、反馈等紧密相关。首先,作为区域产业经济协同发展的谋篇布局者,政府层面的协作主要体现在发展理念上,政府要在合理认识由于地区差异所导致现实发展水平各异的基础上,扬长避短,积极发挥自己的优势产业。建立在共同文化、经济联系、地域临近基础上的经济区,往往在发展理念上较为接近,产业经济的跨域发展具有较强的内在动力。在成渝西昆经济区的产业经济协同发展中,要进一步推进成渝、西成、成昆等产业经济区的基础设施、信息交流平台、交通体系的同城化发展。同时,还要加强不同经济区、经济带之间的合作,例如长三角、"一带一路"等,逐渐从小局部一体化走向大区域一体化。其次,政企协同。企业是区域产业经济协同发展的细胞单位,建立高效的政企协同体系

可以改变政府传统的决策模式,通过搭建企业需求表达平台,可以在政策制定中充分考虑企业的需求,提升企业的协同积极性。再次,发挥社会组织的中间角色作用,成为政府与企业、政府与民众关系中的第三方力量。最后,还要发挥民众的基础力量。在产业经济发展中,民众既是市场需求的创造者,也是市场需求的扼杀者。通过加强政府与民众,企业与民众之间的沟通交流,可以助力产业经济跨域协同发展。

(四)强化政策供给协同,实现政策共享效应

由于成渝西昆产业经济发展的侧重存在差异,地方政府关于区域产业经济协同发展中自身的参与认知存在差异。不同地区的政策供给相应存在差别,这本身会在主观上形成行政壁垒。近年来,成渝西昆四地在交通设施网络的互联互通、旅游文化方面的协同发展、高新技术产业体系布局等方面取得了一些突破,但是在产业经济发展的整体空间协同上仍然存在碎片化现象,例如污染防治配套政策不协调、各项标准存在差异、政策规范的法律效力跨域认同度等方面存在差别,影响了政策协同效应的释放。要以实现整体利益为政策制定的出发点,在不同利益偏差的协调中寻找政策均衡点,从而建立跨域层面的政策协同机制,共享政策红利。

二、加快基础设施建设,助力互联互通

加快基础设施建设,助力互联互通,这需要打破行政体制障碍,实现整体规划。成渝西昆经济区在基础设施建设中之所以出现各自为政、重复投资,其实很大程度上是源于地方本位主义,要通过打破行政壁垒,健全区域间的公共交通服务体系,继续完善成渝西昆四地之间的交通运输网络,缩短地理距离。目前,成渝、成昆、成西、渝昆、渝西、西昆之间已经初步形成了航空、铁路、公路三维一体的综合交通网络系统,但在交通的时效性、便利性、畅通性等方面还有待进一步加强。可利用大数据、人工智能、高新交通技术等提高交通运输网络的有效性;

可加强市内、市域间交通转换设施的建设,减少交通运输转换的时间;可以考虑构建市域间的铁路运输、公路运输、航空运输联检系统,简化各种资源运输的审批、检查、检疫手续,提升交通运输网络的周转效率。

加快基础设施建设,助力互联互通,还要尊重区域内交通发展的地区差异,包括成本差异、需求差异、地质差异。成渝西昆菱形(钻石)经济区由于自然地理、经济发展水平等因素的影响,其交通运输基础设施方面差异比较明显。例如山城重庆与平原成都在地形、地貌、地质等方面的区别,决定了二者在修建轨道交通方面的成本将会存在较大差异。具体表现在:重庆山区占多,轨道交通和空中交通更为灵活;成都平原开阔,地下交通和城市公共交通较为完善,可以缓解运输压力。在交通发展中要中充分尊重地区间的差异性要素,以发展合适的交通运输网络为目标。此外,各个地区在漫长的历史发展中,形成了不同的城市格局,交通运输网络的发展要尊重区域间的具体需求。例如由于地形制约,山城重庆的城市分布较为立体,地铁就很难满足城市经济发展的需要,空中交通将会更加适应城市发展的需要。

三、依托产业经济发展优势,鼓励跨区域产业经济合作

成渝西昆菱形(钻石)经济区产业经济协同发展,要依托区域内的地方发展优势,优化农业、服务业、制造业之间的空间布局,以此提升经济区产业经济发展的竞争力,释放产业集聚优势效应。

首先,依托产业经济发展优势,鼓励跨区域产业经济合作要降低区域间产业经济发展门槛。产业经济发展门槛包括制度门槛和资本门槛,即制度准入门槛和资本准入门槛。制度准入门槛指的是从制度层面扩大产业经济发展的容量。从目前来看,制度对一些服务业的准入门槛设置过高,审批流程复杂,审批条件严苛,从而导致这些服务行业的不饱和。要在维持社会稳定和发展的大前提下,适当放松这些行业的制度限制,为服务业与制造业、农业的深度融合提供制度支持,从而实现服务业在整个产业链中的价值辐射。资本门槛指的是一些产业的资本注册门槛过高,限制了民间资本的进入,导致资本市场过于单一。要通过丰富资本的种类、层次,拓展金融机构在产业经济发展中的融资种类和融资范围,从而鼓励区域间的产业经济协同发展。

其次,结合地域优势发展特色产业。四个城市应该立足于自身产业经济的比较优势,大力发展以交通、通信产业为主的基础设施,促进区域间的跨域联系,在经济区内构建多层次的经济极核网络,减少各地产业结构的雷同性,促进产业经济在四地之间的均衡布局。

再次,鼓励一、二产业和三产业间的分工与融合。产业经济发展的分工可以提升专业性,产业经济发展的融合可以提升产业链的纵深、横向带动效应。因此,成渝西昆经济区产业经济发展,一方面既要鼓励产业经济间的分工,也要鼓励产业经济在分工基础上的融合,在分工中寻找新的合作,实现融合发展,要通过分工与融合相协同寻求产业经济发展过程中的带动、辐射机遇,促进产业经济的协调发展。另一方面,要通过提升服务业对制造加工业和第一产业的服务能力,扩大第一产业、制造加工业的技术优势,增强自身竞争力,提升产业经济的技术效率。

最后,深化区域产业经济协同发展的激励政策,激发区域产业经济协同发展的动力。成渝西昆经济区产业经济协同发展需要深化激励政策,具体包括财政补贴激励、税收优惠激励等。例如可以通过税费制度设计和征收机制创新激发产业经济发展活力,一方面在成渝西昆经济区产业经济协同发展中,可以通过扩大营改增范围,减少企业的税费负担。另一方面,可以直接进行税收优惠,如对企业的创新性成果申报、环保性产品生产等进行税收奖励优惠。

四、统筹谋划产业经济布局,发挥产业链的辐射带动作用

成渝西昆四地如果只依靠区域内在力量,相互竞争,必然会导致重复投入,浪费资源。四地如能以整体的区域利益共赢为目标,以长远思维为着眼点,彼此间相互谋划产业经济布局,明确彼此间的优势和劣势,相互取长补短,合理有序进行产业分工,才能更好地发挥人力、智力、财力、技术之间的整合效益,更好地推进产业经济协同发展,进一步带动周边区域的产业经济发展。

目前成都、重庆、西安、昆明在旅游、电子信息、装备制造、零部件加工等传统经济产业的布局上差异小,雷同程度高,在市场需求多元化、产业经济发展升级的双重动力下,四地均出现了程度不一的产能过剩,难以凸显协同的加权效应,因此需要重新分配、调整产业经济发展的分工布局。大数据作为互联网时代的重要资源,可以对产业经济的市场需求、交通效率、资源成本、技术优势、人力分布等进行分析,对四地的现有产业布局进行优化,进一步明确产业发展的地区功能,打破地区雷同,提升市场、资源的匹配度。

还可以构建跨域产业经济发展科技创新体系和平台。从产业经济生态系统来看,产业集聚是产业经济区域发展的重要趋势和组成部分,需要有效融入产业经济发展体系中,其重要手段就是构建各类科学技术创新平台。以产业集群的不同类型为依据,根据不同的特点选择创新平台的构建方式,但要说明的是,企业是重要的中介机构,要在这个过程中发挥主体作用,产业园区是依托平台,合理配置相关创新资源。①

五、结合区域特色,引领产业经济协同发展模式创新

结合同类产业发展特色,打破行政限制,打造共同的产品特色,以整体的统一标签向国内、国际社会进行拓展,实现信息、技术、市场的互联互通,减少区域间的竞争和重复生产。依托成渝西昆经济区内的国家级高新技术产业开发区,统筹谋划产业经济布局。目前重庆、成都、昆明、西安的高新技术产业开发区正在逐步升级优化,管辖范围等都有增长,故而需对产业经济布局进行相应规划。高新技术产业开发区是

---

①刘雪梅.成渝经济区协同发展的思考——基于价值创造视角[J].四川行政学院学报,2016(6),73—76.

产业经济发展的重要汇集中心,是产业集群形成的重要孵化地。区域间要统筹谋划产业经济布局和产业结构分工,可以借助成渝西昆四地间的高新技术产业开发区、开发园等,以此为基地和窗口,通过合理布局现有产业经济结构,发展新兴技术产业,实现产业经济协同发展模式的新老结合、有序布局。

第七章 区域经济与国家战略发展的启示

从当下的经济区产业经济发展现状来看,尽管目前还存在一些问题,但是不可否认的是,跨行政区域经济区产业经济协同发展理念、实践克服了行政区划碎片化导致的市场割裂、生产要素流通补偿、产业经济发展政策不统一等问题。这种碎片化实际上是克服由行政边界效应带来的资源边界、市场边界、文化边界、心理边界、利益边界等。我国还存在大量经济发展较为落后的区域,其产业经济发展不仅受阻于行政边界还受阻于心理、历史等边界。理应根据国内跨域经济区区域产业经济的发展总结出相关的经验和启示,助力我国的区域经济发展,助力完善国家经济发展战略布局。

第一节 边界效应与区域产业经济协同发展

边界效应既包括正面效应,也包括负面效应。我国的区域产业经济协同发展既面临国内行政边界、国家间的国界,还面临着区域间无形的文化、市场边界等。区域产业经济发展理应立足边界效应,对产业经济发展的现状、面临的主要障碍进行分析,从而助力区域产业升级。当下国家所推行的区域产业经济发展等战略,其实也是立足于打破地理边界、行政边界、市场边界等对区域产业经济协同发展带来的束缚。

一、边界效应

(一)边界效应的涵义

要理解边界效应,首先要对边界进行理解。何为边界?现代汉语辞典认为边界指的是地区和地区之间的界线,大多指的是国界,也包括省界、县界,这种定义是源于地理学,也是最早的边界来源。随着社会发展,边界开始逐渐由实体边界向非实体边界演变,例如文化边界、心理边界、法律边界,等等。但无论是实体边界还是非实体边界,其共同的特点是强调相对于主体的边缘部分,是主体特征逐渐淡化的空间,既是一个物体与另一个物体相连接的部分,也是一个物体与另一个物体相区分的点。匡贞胜、林晓言认为,边界效应指的是区域内部各地区间的行政边界对两侧地区的经济行为产生影响。[1]基于此,可以认为边界效应实际上是指由边界作用于边界两侧的行政地理空间产生的经济、社会交往等方面的影响。因此,边界不仅具有划分界线的功能,还有文化传播、信仰融合等功能。例如,对于国家而言有着防御外敌入侵、明确国家法律范围等功能。

(二)边界效应的分类

关于边界效应,学界最先研究的是其负面效应,也就是边界对于产业经济发展的阻隔效应。根据产业经济的发展历史来看,边界对于产业经济发展的影响是长期存在的,并且以负面作用为主。例如,行伟波、李善同等人认为"边界效应"是由各地域之间的行政边界造成的,由于边界的存在将导致地区之间在进行贸易往来时受到不同程度的阻碍,使现实中的贸易量低于模型预测的水平。[2]但是,随着产业经济的发展,边界效应的中介效应逐渐显现。例如,王振波等人认为,行政边界带来的"边界效应"除了阻碍不同行政区之间实现商品、要素的自由

---

[1] 匡贞胜,林晓言. 边界视角下中国京津冀地区协调发展的壁垒与破解[J]. 技术经济,2015(2),68—76.
[2] 行伟波,李善同. 本地偏好、边界效应与市场一体化——基于中国地区间增值税流动数据的实证研究[J]. 经济学(季刊),2009(4),1455—1474.

流动外,也会在一定程度上起到促进作用。①具体来看,边界效应主要包括屏蔽效应、中介效应以及过滤效应。

屏蔽效应作为边界效应的一种表现,它指的是由于边界的存在,阻碍了资源、信息、人员等要素的流动,从而使边界两边区域的产业经济发展受到影响。屏蔽效应虽然会阻碍区域间产业经济发展的交流、融合,但是有时候也会保护区域内的产业经济发展,例如当邻近区域遭受巨大灾害时,屏蔽效应可以隔绝这种发展波动,保证区域内产业经济的有序发展。但是,屏蔽效应在大多数情况下都会阻碍区域间的产业经济往来,影响产业经济的集聚发展。因此,屏蔽效应对于区域间的贸易和区域经济发展有着不利影响。随着世界经济一体化的发展,区域间的交往不断增多,区域经济发展已经成为一种必然趋势,越来越多的地区选择在区域间对产业经济进行协同发展,各地也涌现出了许多跨区域经济发展圈。但是,由于边界的屏蔽效应,区域间产业经济协同发展的要素往来往往会受到影响,具体表现为:政策导向的地方保护主义、资质互认制度障碍、交通成本偏差、人才流通障碍等。

中介效应指的是边界的通道作用,即边界效应也会促进边界两侧区域相互沟通、交换。边界效应的中介效应产生条件往往是基于不同区域间具有优势互补,区域间具有合作的可能性。一方面,在中介效应下,区域间产业经济发展所需的要素能够得到流通,弥合双方产业经济发展中的资源硬伤,也可以扩大双方的市场容量,有利于促进区域间的产业经济合作。另一方面,在中介效应作用下,区域间的产业经济发展能够扩大区域范围,在更大区域内配置产业经济发展要素,实现优势互补。但是,中介效用除了这些积极作用外,也存在一些不利于区域产业经济发展的因素,例如在频繁的要素流通中,一些非法人员及物品也在流通,扩大违法犯罪的空间波及范围,同时由于扩大了产业经济发展要

---

① 王振波,朱传耿,徐建刚. 省际边界区域边界效应的测定——以淮海经济区为例[J]. 经济理,2008(5),765—770.

素的流通范围,也会增加区域产业经济发展的风险,例如相邻区域的产业集聚效应比较强,将会对区域间的产业发展要素产生强大的吸纳力,从而使本区域面临不利的市场环境。

过滤效应指的是由于边界的存在,国家在进行经济往来时会自动过滤掉不利于自身发展的因素,避免因不利因素的进入而阻碍本地经济的发展。关于边界效应,学界研究较多的是负面效应和中介效应,过滤效应实际上并不是边界效应的一种天然效应,而是区域在后天的发展中,依据区域发展需求而对区域间的因素进行的意志性筛选。因此,过滤效应实际上并不是必然发生的,而是与区域里的人紧密相关。

整体来看,关于边界效应的分类其实并没有一个完全绝对的标准,且每一个分类也不具备绝对的正面效应或者负面效应,而是要根据具体情形来判断边界效应的具体影响。因此,对于区域产业经济发展来说,行政区划的存在使边界效应的屏蔽作用更加突出。如何促进边界效应中的"屏蔽效应"转化为"中介效应",是研究区域产业经济发展升级的重要内容。

二、区域产业经济协同发展的主要障碍

近年来,国家十分重视区域产业经济协同发展,并在产业发展结构、产业发展布局、产业市场和产业体系等方面,先后出台了一系列制度和政策,也取得了一定效果。但是,各个区域间仍然存在彼此封闭、基础设施通联度不高、产业经济发展要素流动不畅等现象。因此,产业经济在内外协同、制定实施发展政策等方面存在的问题,还有待进一步解决。

(一)产业政策方面

1.产业政策开放程度不够,政策理念尚待更新。近年来,随着国家对区域产业经济协同发展的日益重视,区域间日渐由较为封闭的僵硬行政区转变为国家整体发展的有机构成。在此背景下,各区域的地方政府也越来越重视产业经济的开放程度,以产业集群地为载体进行招商引资,不断扩大招商引资的力度,并出台相关的政策予以支持。在产业体系方面,地方政府加大与各区域、周边国家的产业发展对接,积极承接来自其他区域及周边国家的产业转移项目,取得了明显效果。但是需要认知的事实是,西部地区的产业经济发展政策、产业体系的开放程度与内地尤其是东部沿海地区相比,仍然需要进一步提高。相对于环渤海经济圈、长三角经济圈等跨域经济圈的产业分工和比较优势,西部地区间的产业结构还存在一定程度上的同质竞争,应注重西部地区与周边区域、国家的分工协作,建立产业经济发展协同机制。

2.产业政策差别化不足,产业布局重点不突出。从目前国家实施的产业政策来看,区域产业经济发展政策的方向比较明确,但在目前的政策设计上尚未突出主导产业的政策优势,产业政策的差别化还有待进一步提升。在政策设计方面,尚未彰显对重点产业的政策扶持;在政策实施效果方面,由于产业经济发展与政策设计间的反应链存在一定的时间差,因此关于重点产业的政策设计体系是否合理、效果是否明显,还需对此进一步观察,以适时做出相关调整。

3.产业政策相互独立,政策体系化有待加强。近年来,国家日益关注区域产业经济发展,出台了许多以科技、人才、教育、交通为中心的配套政策,效果较为明显。但是,产业经济发展政策关涉不同职能部门,容易出现政出多门的现象,政策之间较为独立,缺乏体系性,容易导致产业经济发展政策出现重叠交错,或者政策空白。故而,政策的整合效应并未得到有效彰显。

(二)产业结构有待调整

从我国目前的产业结构布局来看,第一产业对区域产业经济发展的基础性作用依然十分显著,第二产业的快速发展在各个地区经济发展中的主体地位和作用更为突出,第三产业的发展还有待进一步加强和提高。从国家整个区域产业经济发展的增长速度来看,三大产业的发展速度都比较明显。由于2020年受到新冠肺炎疫情影响,第三产业受波及较为明显,增长速度明显放缓,第二产业增长势头明显。但是,由于缺乏统筹协调观念,行政边界的阻碍,地理位置、基础设施等方面的障碍,使区域产业经济发展仍然受制于区域间的合作效果。整体来看,由于地方本位主义,在区位优势相同的相邻区域间几乎都出现了主导产业趋同现象。

从以上分析可以看出,各个区域的产业经济在分工上没有明确,产业链难以充分延伸,在整个区域内还没有完全形成优势互补的分工格局。产业结构趋同会导致区域间的横向互动减少,而缺乏横向层面的合作又会导致产业经济发展缺乏活力。与其他地区的产业经济发展相比,西部地区的国有经济占比较大,行政色彩在这些地区产业经济的发展中依然比较明显,民营经济有待进一步提升,市场力量有待进一步加强。

(三)区域发展观念缺乏

在我国区域产业经济发展中,各个区域普遍缺乏区域发展观念,主要体现在以下几个方面:

1.区域经济结构失衡。各个区域在地方保护主义的驱使下,偏向于实现地方利益,在产业经济政策的实行上开放性不足,导致它们在地区生产建设的产业经济布局上较为雷同,产业经济结构趋同,在区域间尚未形成优势明显的专业性特征。

2.缺乏合理的区域经济发展规划。各个区域间缺乏合理的、优势互补的产业经济分工体系,导致区域间的产业经济发展难以有序、规范、紧密地运行,进而出现市场割裂、贸易纠纷、恶性竞争等一系列产业经济发展问题,从研发到进入市场的整个流程都对区域发展造成了影响。由于边界效应的存在,人为要素在区域产业经济发展中具有重要影响,表现为:人为因素对区域产业经济的宏观规划与统筹安排,是使边界的阻隔效用、中介效用等发挥其正面作用的关键。如果缺乏这种宏观规划与统筹安排,仅凭区域间的中介效用,还不足以对区域产业经济的协调发展产生足够的正面效应,从而导致相邻区域间缺乏合作意识,在招商引资、市场开拓、品牌形象塑造等方面存在恶性竞争,甚至不惜相互打压价格,导致过度竞争和资源浪费,缺乏打造共同品牌的意识。

3.缺乏合理的区域利益协调机制。由于历史因素、自身资源禀赋等方面的差异,我国每个地区所面临的国内外经济局势不一样,发展机会也并非绝对公平。因此,在国家整体政策制定中,即便在每个地区争取发展意愿相同的情况下,也并不是每一个区域都能得到同样的发展机会,导致其区域经济也难以获得同样的发展机遇,这将进一步加大通过打造发展共同体以在区域间形成整体竞争力的难度,也会在一定程度上阻碍区域经济一体化进程。

(四)缺乏统筹协调

缺乏统筹协调,主要表现为:各地区的产业经济发展没有站在区域整体的角度,彼此间盲目竞争,导致产业重复布局,进一步导致资源要素的盲目竞争。由于区域间存在地方利益竞争甚至恶性竞争,不仅会恶化区域间的产业经济发展关系,而且还会使各个区域间为了最大程度实现自身经济发展,相互争夺资源,进一步导致资源供需紧张。例如,为争取有限的矿产资源,导致区域资源被过度开发,加重区域的生态环境负担。

由于没有按照区位优势进行整体布局分工,各区域间的产业结构趋同现象愈加严重,不仅造成了大量的资源浪费,也未释放出区域协同的整体效应。例如,区域产业经济的发展离不开包括交通网络在内的基础设施建设,一方面强大的基础设施保障能力是区域产业经济发展要素有序、高效流动的保障,另一方面通过完善的基础设施也可降低产业经济发展成本,提高产业经济发展速度。由于区域内基础设施建设不均衡,极大地阻碍了区域产业经济一体化进程。我国在基础设施建设上,出现了大量重复、无效的建设,浪费了大量的公共资源。我国目前还存在大量地广人稀的区域,这些地区原本没有产业经济发展潜力,但是出于地方政绩,不少地方也修建了大量的高速公路网。整体来看,这些公路网利用率其实非常低,但其维护成本却非常高。同时,还应看到由于地方财政不足,有的资源富集地区尚未建成和形成必需的公路、铁路网络布局,导致产业经济发展的要素难以高速流动。

(五)基础设施薄弱,区域间联通水平不高

区域间的基础设施建设水平,关乎区域本身与相邻区域、次邻区域间的生产要素流通成本,只有不断降低区域内的生产要素价格,才能对外产生更强的产业经济发展吸引力。但是,受自然地理条件及历史发展的影响,我国一些地区的基础设施建设长期比较滞后,经济要素流通能力有待进一步提高。经济要素流通能力不足,导致产业经济发展要素主要集中在内陆区域,从内地到西南、西北各个边远省区的交通物流成本长期居高不下,严重束缚了这些地方的区域集聚力。

三、边界效应下的区域产业经济升级体系重塑维度

(一)打破行政壁垒,实现区域协调

打破行政壁垒,首先要破除区域产业经济协同发展中的观念壁垒。地方内部、地区之间存在行政划分,在传统的行政锦标赛和财税分离制度下,地方本位主义突出,导致地方利益凌驾于整体利益,从而出现基础设施跟不上、产业结构趋同、彼此争夺既定市场等现象。行政区域的人为分割与资源要素跨区域流动间的不匹配,导致区域间资源、技术、劳动力、市场等要素的比较优势难以释放。产业经济发展格局的现状,是各个地方均建立了基于本地的较为完整的产业经济发展体系,地方立足于本土利益,以短期利益为导向,形成地方间的恶性竞争,阻碍了产业经济发展要素的自由流动。为此,各个地区间要想实现产业经济协同发展、促进产业结构优化升级,突破行政划分带来的利益分割是首要任务。政府不仅要在明确协同发展目标、本区域产业经济发展定位的基础上,通过协调区域利益,实现产业经济发展一体化;还要通过建

立、完善相关的制度体系,以规避地方间的恶性竞争,保证区域间形成良好、有序、公平的市场秩序。

打破行政壁垒还要营造良好的区域协同发展环境,通过增加区域利益打破专注于既得利益分割的传统发展模式。首先,要塑造公平、公正的区域发展文化环境,确保产业经济发展有序进行。其次,要针对区域产业经济协同发展基础设施的融通问题,加强基础设施建设,从整体上减少区域产业经济发展的固有成本。再次,要以区域为整体,制定适合区域共同体发展的政策,从整体上规范各个地方政府的行为,减少地区间的恶性竞争,实现区域合作。最后,为了保证区域和产业经济的持续发展,还要注重生态环境保护。在传统的产业经济发展中,以邻为壑、邻避效应等区域间的负面现象是阻碍区域产业经济发展的重要因素,尤其体现在生态环境要素方面。为此,要破除行政壁垒就要以区域为整体,建立区域经济补偿机制,减少产业经济发展中的邻避问题。

(二)明确区域优势,合理进行功能定位

要实现区域产业经济统筹协调发展,促进产业结构优化升级,适宜的区域定位是关键。只有明确了各自区域的功能定位,方能减少区域统筹发展中的重复布局问题,从而推进人口、经济、资源在区域范围内的有序流动,实现区域协调、联动发展。

在2017年国务院印发的《中共中央关于完善主体功能区战略和制度的若干意见》中,提到在新时期要完善主体功能区建设的政策体系,要注重凸显政策效果。中国幅员辽阔,经纬度范围跨度大,地形、地貌、人文特征各异,各个地区在漫长的历史进程中形成了不同的产业经济发展条件,出现了包括呼包鄂榆地区、哈长地区、北部湾地区等在内的多个国家层面的开发区,各个区域需结合自身的区位优势及国家战略导向,对自身的区域发展进行合理的功能定位。例如,北部湾地区作为我国面向东盟国家的重要窗口,地理区位优势十分明显,应当立足于交通口岸、物流口岸,将自身打造为中国—东盟发展的信息交流中心和加工制造基地,围绕此优势大力发展物流业、加工制造业、电子信息等产业。哈长地区应该利用自身的农产品、旅游、文化、矿产资源优势,大力发展农林畜产品加工、医药产业、旅游、文化、矿产等。因此,每个地区在产业经济发展中,都要结合自身优势,明确自身的发展导向、发展布局,以促进产业经济的稳定、有序发展。

(三)完善交通基础设施建设,缩小空间距离

加快建立和完善现代化的区域综合交通网络体系,尽快形成联系区域内各主要城市间快速交通大通道的主骨架,是经济一体化最重要的基础。随着长江经济带、对口支援等国家战略计划的实行,我国各地区尤其是西部各地区,在基础设施建设方面已经开始逐步得到改善,但是仍需要从国家发展战略出发,结合各个地区产业经济发展实际情况,做好交通基础设施建设的统筹规划。一方面,要加快构建功能配套齐全、支撑能力强大的交通网络。以构建国际大通道为依托,以航空基础设施建设、高速铁路、高速公路建设为脉络,积极完善空运、陆运、水运体系,形成完整、立体、有序、高效的现代交通基础设施网络。另一方面,要依托"一带一路"建设,推动西部地区的基础设施建设,例如依托中老铁路、中欧班列等,完善区域交通网络体系,为边远地区产业经济跨区域、跨国域的统筹协调发展,提供硬件支持。

(四)加强区域产业合作,促进结构优化升级

地区产业经济结构升级的基础,是要在生产要素上与其他区域形成互补,减少产业结构上的雷同。故而,要充分立足本地区的区位优势,发展特色优势产业,调整现有不合理的产业经济结构,加强内外区域间的产业融通与合作。在新中国成立后,尤其是改革开放后,我国各个地区的第一产业和第二产业在区域发展上已经具备一定的合作基础,但第三产业作为新的区域合作方向还有待进一步挖掘,需要在旅游业、现代物流等方面增强合作力度。

从旅游业来看,在我国广大的地理区域间人文风貌奇异。无论是

从北方的游牧风情到南方的田园风情,还是从东北延边歌舞之乡到西南傣族热带风情,都体现了我国旅游文化资源的丰富性。地区间应该整合丰富的旅游资源,实现区域间的整体营销,通过深层次、全方位、多角度的旅游和产业开发活动,将各个区域间的文化特色、民俗风情按照主题、历史等进行有机整合。例如,通过整合藏文化风情,可以在藏文化区打造大香格里拉旅游文化区。通过整合地区间的旅游特色,可以开发旅游套票、旅游年票等。

从现代物流业来看,我国部分地区的地形、地貌较为复杂,地广人稀,交通条件一直是现代物流业发展的重要因素。因此,各地要缩短区域间的物理距离,就要通过加强区域物流基础设施的统筹规划打破地理阻隔。首先,要鼓励物流行业间的统筹合作,支持物流行业与农业经济、工业经济和服务业的深度统合,实现运输、仓储、货运、联运等不同企业间的统筹协调。其次,要构建地区间的综合物流发展网络,实现西部与东部,北方与南方区域间物资的互联互通。最后,要建立海陆空综合发展的立体交通运输网络,增强地区间物流的运转速度。例如,可以通过综合开发北方省区的陆运、南方省区的河运、海运,打造立体交通网络体系,弥合地理局限带来的市场整合难题。

(五)加强海陆统筹,促进陆海产业协同发展

中国对海洋重要作用的认识,可以追溯至封建时期。但是,在"重陆地资源开发,轻海洋资源开发"的理念下,海洋产业经济开发长期被疏忽,以致我国至今尚未形成有效的海洋开发理念,也尚未建立完整的陆海产业开发体系。由于缺乏系统的、全方位的陆海产业体系,陆地产业经济发展与海洋产业经济发展长期处于分割的状态,前者发展进步明显,但后者在资源的开发上有待进一步提高,地区间的陆海产业经济结构也亟需进一步优化。为此,要在区域产业经济发展的同时,在保护海洋的基础上,通过关注海洋在产业经济发展中的作用,实现陆海产业经济协同发展。

第二节 区域产业经济协同发展的政策支持体系

区域产业经济发展与立足于某个行政区划地的产业经济发展的最大区别在于突破了人为划定的行政界线,这种界线的突破不仅仅是市场、生产要素,更是地区间的行政政策。区域产业经济发展的政策思路要立足于发展思路、发展特色、发展政策及发展驱动,立足于产业结构、产业发展活力、产业发展核心优势、产业集群等方面,从产业经济发展的公共服务平台、信息技术服务、人才、科技创新、法律法规等方面着手完善区域产业经济发展的政策支持体系。

一、区域产业经济协同发展的政策思路

区域产业经济协同发展的政策思路具有系统性,不仅包括政策的导向思路,也包括政策的执行思路。要针对区域本身的情况采取合适的、合理的政策,提升政策的适用性和科学性。

(一)发展思路由封闭型转变为开放型

在传统的行政区划的局限性下,区域产业经济发展长期局限于既有的行政空间,以本位主义为主导制定产业经济政策。随着全球一体化和区域一体化的进一步发展,区域产业经济的发展必将走向区域协同,开放是必然趋势。区域产业经济在自身所具有的优势基础上,如果突破地理空间、技术、体制互认等限制,一定能在未来的产业经济发展格局中保持巨大优势。因此,在区域开放的过程中,产业经济发展要突破原有的空间区位限制,应该以协同发展为原则,根据自身的资源禀赋和产业优势,进行功能定位。不仅要与其他区域相对接,还要与周边国家发展相融合,实现本区域内、国内区域间、跨国区域间的产业经济互动,凸显规模效应和集群优势。

(二)发展特色由普惠式转向差别化

在传统的计划经济时代,产业经济的发展在国家计划指令下,以普惠性政策为主,产业经济发展缺乏活力。改革开放后,在影响产业经济发展布局的要素中,市场需求逐渐超越国家指令,各个区域开始呈现出差别化发展。因此,在执行区域产业经济发展政策时,不应再局限于原有的普惠式政策,而应该以市场需求为导向,以差别化为依据,制定合适的产业经济发展政策。

1.应该根据市场需求和国家发展要求,对产业按重要性进行分类,根据产业发展的重要性程度出台相应的差别化政策,因势利导,推进重点企业、重点行业的快速发展,以实现资源配置的最优化,进而盘活整个区域经济。

2.要根据不同产业的发展特点、发展阶段、发展水平,制定个性化的发展策略。要通过不断提高区域产业经济发展政策的针对性,从而促进产业经济发展的合理布局。

(三)发展政策由独立性转向体系性

在传统的产业经济发展中,地方GDP是地方政府制定产业政策的重要出发点。因此,在区域产业经济发展政策的制定中,政府的行政指令色彩依然没有彻底消失。在这样的背景下,通常容易出现应急式、运动式的产业政策制定模式,这不仅会导致产业经济发展政策缺乏体系性,还会带来重复性建设,浪费大量的人力、物力和财力。因此,在区域产业经济发展政策的制定中,要以体系性为指导进行政策规划。其一,在制定产业经济发展政策时要坚持统一的目标,减少因多个目标取向带来的政策差异,减少政策实施中的误差成本。其二,在制定产业经济发展政策时要坚持统一发展导向,减少因发展导向不同所导致的各个政策执行间发生相互拉锯的现象,增加政策执行的顺畅性。其三,在制定产业经济发展政策时,要注重产业经济发展关涉要素的体系性。例如,产业经济发展要注重人才引进政策、土地流转使用政策、科研技术转化政策、生态保护政策间的深度耦合,增加政策之间的配合辐射效应。

(四)发展驱动由单一转向多元

在过去的计划经济时代,地方政府往往从行政需求出发进行产业布局,产业经济发展政策也主要集中于行政需求。随着市场经济改革的不断深入,市场要素对于产业经济发展的驱动效应逐渐与行政需求并驾齐驱,甚至超过行政需求。如果再局限于过去由行政主导的产业发展政策,将难以适应现代市场的需求变化。故而,在区域产业经济发展中,政府应改变传统的以行政需求为导向的产业经济发展政策,转向由行政导向的产业政策需求与市场需求的共同驱动,避免出现因行政竞争所导致的产业规模扩大,经济效益却下降的发展怪相。在厘清理论政策与市场关系的基础上,打好行政与市场的组合拳,从而提升产业经济的发展效率,促进产业经济合理、有序发展。

二、区域产业经济协同发展的着力方向

(一)加强技术研发,推动产业结构优化升级

产业经济发展历经了农业、农业与工业、农业工业与第三产业的发展阶段。随着技术研发力量带来的收益溢出效应趋势的不断增强,新技术成为弥合传统产业经济发展所面临的人力困境、资源困境的重要手段。它不仅可以决定传统产业经济的发展方向,也可以推动产业结构的优化升级。

1.要打造以企业为单位的技术研发中心,以科研机构、科研院校为纽带的产业经济技术创新研发体系,以科技力量赋能产业经济发展,提升区域产业经济发展的核心竞争力。

2.要围绕新能源、生物医药等产业,规划建设跨区域的技术监测公共服务平台,增强高新技术、核心资质的互认、互证。

3.增强对区域产业经济发展中创新行为的行政奖励和财政补贴。例如,在税收体系中可以对企业技术研发所产生的费用在需交税款中予以减免或者扣除,减少企业创新研发的财力负担。同时,还可以根据企业的创新力度,予以一定的税收免征额度,鼓励企业的研发创新行为。

(二)树立发展典型,增强产业经济协同发展活力

与传统的计划经济相比,市场导向型的产业经济发展更具活力,这种活力很大程度上来源于企业间的相互竞争。因此,可以在产业经济发展中树立典型,通过"鲶鱼效应",增强区域产业经济的发展活力。首先,以区域为空间范畴,在产业经济发展包含的企业中打造一批龙头企业。通过做好这批企业的发展规划以辐射其他企业,进而产生政策聚合效应,推动产业经济整合。其次,要以打造区域典型为目标,将区域内的企业进行强强联合。例如,通过兼并、项目合作等扩大规模,增强对外部资源的吸纳力,从而盘活本区域的产业经济活力。最后,要积极鼓励和引导本区域的优秀企业与其他区域的企业进行竞争、合作,在竞争、合作中寻找自身的不足。通过不断调适自身的发展现状,积极融入产业经济发展的区域大环境。例如,可以参与国际企业联盟,国内产业发展联盟等,增强自身与外界的交流和融通,从而增强产业经济的发展活力。

(三)提升专业性,培育产业经济协同发展的核心优势

专业性是产业经济发展的不可替代性优势,也是产业经济未来持续发展的重要推动力。如何通过提升专业性来培育产业经济发展的核心优势,将是产业经济发展的重要政策指向。首先,要引导区域产业经济积极创新管理流程、打造业务优势,提升专业化水平。为此,在政策制定中要引导和鼓励企业聚焦于核心专业技术。例如,通过将一些服务型业务承包给专业供应商,以增加专业技术研发的聚焦力度。其次,要扩大产业经济发展在纵向和横向的辐射范围。例如,通过向技术端和营销端延伸,提高生产性业务在产业价值链中的带动效应。最后,要借助现代化的物流技术、大数据、供应链等,实现产业链的联动发展,为

产业经济的发展提供上下畅通的发展链条。

(四)增强战略性布局,推进产业经济集群化

传统的产业经济发展重战术轻战略,在产业经济发展中最为明显的就是看重产业经济的短期可见效应。由于缺乏长期规划,从而导致产业经济在发展中缺乏规划、在招商引资中缺乏规划,使产业经济布局缺乏一体性和有序性,影响未来的产业集群。区域政府应当以区域内的地理环境、社会环境、历史环境为基础,在国际国内优秀的区域产业集群发展模式指引下,制定长久性、全局性、开放性的战略布局政策。为此,在产业经济发展的政策制定中:首先,要注重招商引资的导向性。通过长期的调研,了解适合区域内各个地方的产业投资,用明晰的产业发展规划名录指导具体的招商引资,避免招商引资中的盲目性、随机性。其次,要结合区域产业经济发展的结构和布局,制定产业经济发展规划,突出招商引资的前瞻性。例如,一方面可以通过制定具体发展规划,以形成产业链为目标进行招商引资,避免出现后期的产业承接转移问题;另一方面要围绕新的技术研发,进行招商引资,为实现未来产业经济发展升级储备技术力量。最后,要以区域内的资源拥有量为出发点,以资源为优势促进产业集群,实现产业经济的合理布局。例如,可以结合区域内的矿产资源条件,对资源开采、资源利用、资源回收等进行指导,优化招商引资。整体来看,就是以围绕自身资源条件为基础,从而形成完整的产业链条,再以此为中轴,实现产业集聚。

(五)营造区域产业经济协同发展的良好环境,提升环境适应力

良好的发展环境是区域产业经济发展的重要支持和保障。区域产业经济发展作为一种经济行为,不仅面临内部的创新环境,也面临外部的市场环境。因此,营造区域产业经济发展的良好环境,既包括完善创新环境,也包括完善市场环境。就内部的创新环境而言,良好的创新环境,可以为区域和产业经济持续发展提供不竭动力。为此,一方面要为创新活动提供政策支持。例如,通过完善交通网络、生活配套等,促进

区域内的产业创新活动。另一方面要积极培养创新型企业家人才。通过激励使企业家、技术人员投入到创新活动中,形成全民创新的优良氛围。就市场环境而言,为了提升产业经济的发展动力,增强产业经济发展内外部环境的交流、融通,强化对发展的吸引力,一方面需要建立健全市场运行制度、法律监管制度等。在产业经济发展中,通过引导和保证市场成为资源共享、产品流通的中介,以进一步凸显集群优势。另一方面,要通过完善市场环境,鼓励区域产业经济积极参与到市场互动中,提高产业经济的市场适应力。

三、区域产业经济协同发展的政策体系建议

(一)构建产业经济发展公共服务平台,推进产业经济发展创新

无论是粤港澳大湾区、泛北部湾区、环渤海湾区,还是成渝西昆菱形(钻石)经济区,其区域产业经济协同发展都关涉到了两个及以上的行政区。不同行政区之间往往存在着不同的产业经济发展服务体系。如何联通不同区域间的产业经济发展服务体系,这关涉到区域内产业经济发展的协同效应能否有效发挥。基于此,构建跨行政区的产业经济协同发展公共服务平台显得尤为重要。要根据产业经济发展的不同阶段,按照分类支持的原则,有针对性地创建公共服务平台,首先,在产业经济协同发展初期要加大基础设施建设,减少交通、通信、电力等技术设施对产业经济协同发展的制约,缩短区域间的地理空间距离。例如,通过修建城际高铁、打造城际航线等,减少因地理距离给产业经济协同发展带来的空间束缚,真正迈向区域产业经济发展一体化。在产业经济协同发展初期不仅要培育产业孵化园,为产业经济协同发展提供专业化的孵化体系,还要构建跨行政区的公共研发和检测平台,减少区域产业经济发展中的行政技术壁垒。其次,在区域产业经济协同发展的成长期,要积极完善产业加速发展的体系建设,通过整体规划、有序集聚的方式,为产业经济协同发展提供优质的服务配套设施和政策支持。例如,在基础设施配套完善的科技园区,不仅要出台合适的税收政策、科技创新鼓励政策、对外交流合作政策等,还要注重各个政策之间兼容互动。再次,在区域产业经济协同发展的成熟期,要积极加强与其他产业经济发展区域的对接、互动与合作,这些区域既可以是国内发展较为成熟的区域,也可以是国际上发展较为成熟的区域。通过与其他产业经济发展区域的对接、合作,促进技术交流,提升产业经济发展的后继动力。最后,在区域产业经济协同的衰退期,要积极进行产业的更新换代。例如,不仅要通过承接、研发新的产业,提升区域和产业经济的活力,还要通过转移淘汰落后产能,优化区域产业经济协同发展的格局,为协同发展注入新的力量。

(二)信息技术服务政策,打造技术信息交流平台

随着信息技术的高速流转,信息即财富、信息即企业生命的观念,已经在现代社会产业经济发展中普遍形成。由于地理空间距离、行政界线划分等,区域产业经济在协同发展中往往存在大小不一的信息鸿沟,导致区域产业经济协同发展中的协同效应往往因信息的时滞性甚至失真,而难以发挥。如何通过信息技术服务区域产业经济协同发展,已经成为区域产业经济健康有序发展必须突破的关键。首先,要利用现代信息技术,建立信息流通平台,包括金融信息交流平台、物流信息流通平台、产权交易信息平台等。这不仅可以减少由于金融融资信息、物流信息、产权交易信息不对等所带来的发展问题,还可以通过减少信息不对等,减少产业经济发展中的政策争议,增强区域间的信任。其次,要建立或完善信息资源储备库,为区域产业经济的协同发展提供信息来源。这不仅可以减少重复发展带来的浪费,还能优化公共信息资源的利用效率。例如,通过在区域间建立和完善土地信息、人才资源储备信息、产业发展信息等数据库,可以综合分析区域间产业经济协同发展中彼此的优劣势,优化产业经济协同发展的空间布局。还可以通过了解产业经济发展的数据信息,分析产业经济发展的饱和程度和市场

缺口,避免蜂拥式的投入建设。最后,要利用大数据、互联网等技术及时优化平台信息。通过实时更新相关信息,保证信息的权威性、真实性。

(三)完善产业政策支持体系,促进产业结构优化升级

随着数据、信息等要素的重要性在区域产业经济发展中不断彰显,产业经济在组织结构、运行方式、产业形态等方面也正在发生重大变革。在三大产业之间的发展链条向纵深化发展的过程中,彼此间的分界线正逐渐变得模糊。如何由界线明晰的产业结构过渡到互相融合的产业发展,需要政府出台适宜的协同发展政策,促进区域间产业结构不断优化升级。首先,要重视农业的基础性作用,持续加大对农业发展的支持。不断探索现代化农业的发展模式,以此更好地融入现代产业体系。其次,要推动工业智能化发展,增强工业发展体系的纵向、横向辐射范围,以此带动农业和服务业的发展。例如,通过加快工业制造业成果转化,打造数字化的工业产业链,深度挖掘工业产业的带动力。再次,要持续推进以服务业为代表的第三产业发展。例如,通过数字化、智能化推动传统服务业的现代转型。最后,要重视战略新兴产业的培育和发展,为产业经济协同发展提供持续动力和比较优势。

(四)完善人才政策,吸引人才集聚

人才是产业经济持续发展的根本所在,在区域产业经济协同发展中要注重提高对高端人才的吸引力,就如何选人、用人、留人、育人形成完善的政策支持体系。首先,要建立人才工作的识别机制。可以根据区域产业经济协同发展规划,对所需人才按照中长远计划进行规划,立足当下,着眼未来,充实人才储备资源库。其次,要完善人才分析机制,实现人才资源的合理使用。可以在人才资源储备库中,按照不同的素养、技能等进行分类管理,对每一个人才做出有针对性的匹配规划,实现人尽其用。再次,要增加投入,完善配套保障措施,减少人才流失率。例如,通过提高待遇、健全人才流动机制等,提高人才的工作满意度,从

而保证人才储备率。此外,还可以通过建设创新和研发基地,加强对人才产出科学技术成果的转化,增强人才的成就感。最后,要完善育人机制。可以通过制定、健全人才发展规划,完善人才培养计划,尤其是注重青年人才、专业技术人才及紧缺型人才的培养。例如,可以通过建立人才交流平台,持续提升人才的综合素养;可以通过建立人才竞争制度,实行优胜劣汰,激发创造力和活力。此外,也不能忽略复合型人才的培养。在新时期,数字化、智能化等发展趋势为产业经济带来了前所未有的变革,产业经济发展逐渐走向协同、融合,这就需要更多的复合型人才以推动产业经济结构的全面升级。

(五)优化科技创新政策,助力创新成果转化

区域产业经济发展的活力和持续动力来源于科技创新,能否有效、及时地进行科技创新,关乎区域产业经济发展的竞争优势,是未来发展的重要保障。无论是从人工智能对人力资源的取代来看,还是从新能源对传统能源产业链的影响来看,如何进行科技创新已经成为产业经济发展的重要研究议题。在区域产业经济协同发展中,首先,政府要充分发挥协调整合作用,在政府、企业、高校、科研单位之间建立合作平台,实现创新技术由研发到成果转化的完整链条,提升科研成果到产品的转化率。例如,可以由政府牵头,建立区域产学研合作技术孵化中心等,助推科技成果转化。其次,政府要完善知识产权保护的相关政策体系,减少科学技术研发的沉没成本。既要为技术研发中的专利申请敞开绿色通道,强化知识产权保护,也要加大对知识产权侵权、违法行为的打击力度,从宏观到微观系统性地强化对知识产权的保护。再次,政府还要加强对现有科学技术成果的管理、评价认定。一方面,要以国际标准为指导,建立科学技术成果的评价认定机制。这不仅可以增强科学技术认定的国际权威性,也能间接增强科学技术转化成果的区域流通率。另一方面,要建立科研成果转化的奖励体系,这既可以为未来的科研提供引导,也能激发科研人员的积极性,为持续研究提供保障。最

后,要支持多元化的主题创新活动。随着大数据、人工智能的出现,产业经济协同发展的数字化趋势愈加明显,群体式的科研行为与分散式的科研行为并存,这就需要扩大对创新主体的认定,既要推动集中式的组织化科研,也要支持个人、机构的分散式创新行为,全面开发产业经济创新的主体。

(六)完善法律法规支持体系,保障产业经济协同发展的有序性

新时期区域产业经济协同发展面临要素的跨域、技术的突破、产业升级等问题,这些变革除了反映在产业经济协同发展的过程、结果上,还会要求具备相应的法律法规体系。中国的产业经济发展经历了计划经济向市场经济转变的时期,许多法律法规体系尚未完全得到更新。新时期产业经济的协同发展,还需要更加健全、完善的法律法规,以保障产业经济协同发展的秩序:首先,要对原有的法律法规体系进行完善。要依据新时期区域产业经济发展面临的具体情景、具体需求,对知识产权、交通、环保、自然资源开发等方面的法律进行修订,提升法律法规的适用性。其次,要加快对产业经济协同发展中的虚拟要素进行法律界定。例如,数据作为产业经济发展新的关键要素,其归属权、开发权、使用权等,应得到明晰的法律界定,从而确保数据能被合理、合法、合度使用。最后,要对新兴业态进行法律规约,例如直播带货、跨域电商等。一方面可通过完善现有的法律,为新业态发展提供良好的法律环境,避免因出现法律障碍而束缚新业态发展;另一方面要修订现有法律,为新业态的合法健康发展制定规则,避免出现钻法律空子的违法犯罪行为。

参考目录

[1]陈林杰,张家寿,赵禹骅.广西北部湾经济区产业布局优化研究[M].北京:人民出版社,2011.

[2]陈庆云.公共政策分析[M].北京:中国经济出版社,2000.

[3]陈振明.政策科学[M].北京:中国人民大学出版社,1998.

[4]段艳平,江奔腾.广西产业高质量发展导向的西部陆海新通道建设——基于交易费用理论视角[J].改革与战略,2020,36(8):118—124.

[5]何娟.陆海复合型边疆地区产业发展政策供给与需求研究——以广西北部湾经济区为例[J].产业创新研究,2021(17):29—31.

[6]黄林,黄伟新.西部陆海新通道沿线城市功能分工与区域经济增长——基于产业创新管理视角[J].科技管理研究,2022,42(4):116—124.

[7]李世泽,董大为,尚毛毛.北部湾经济区与粤港澳大湾区先进制造业精准对接的主要障碍与突围路径[J].改革与战略,2020,36(2):105—114.

[8]刘建文,廖欣.粤港澳大湾区——北部湾——孟加拉湾经济走廊建设构想与路径选择[J].经济与社会发展,2021,19(1):1—10.

[9]马苏.辽宁省陆海产业协调发展的驱动因素研究[J].沈阳农业大学学报(社会科学版),2019,21(1):3—8.

[10]马志妍,刘德光.陆海新通道背景下甘肃及西部产业经济融合发展的路径选择[J].全国流通经济,2020(16):144—145.

[11]强宁娟,张金萍.以共建"西部陆海新通道"为契机 推动重庆市产业结构升级[J].经济研究导刊,2020(17):53—54+62.

[12]石云勇,刘松竹.西部陆海新通道背景下广西物流产业发展策略研究[J].市场论坛,2019(12):17—21.

[13]苏东水.产业经济学[M].北京:高等教育出版社,2005

[14]孙启明,方和远,李垚.湾区城市群空间经济网络与核心—边缘结构研究——粤港澳大湾区与北部湾比较分析[J].学习与探索,2021(9):113—122.

[15]田逸飘,郭佳钦,阳杨.西部陆海新通道制度环境对高技术产业技术效率的影响研究——基于SFA与中介变量法[J].科技与经济,2021,34(4):86—90.

[16]颜兰.北部湾城市群与粤港澳大湾区联动发展的路径研究[J].市场论坛,2020(11):61—64.

[17]杨丛丛,芮红磊.五重联动:北部湾经济区与粤港澳大湾区联动发展的路径研究[J].改革与战略,2021,37(8):116—124.

[18]张晖,孙鹏,余升国.陆海统筹发展的产业链整合路径研究[J].海洋经济,2019,9(6):3—10.

[19]周平.中国边疆政治学[M].北京:中央编译出版社,2015

[20]周志超,张家寿.南宁全面建成北部湾城市群与粤港澳大湾区融合发展的核心城市研究[J].改革与战略,2021,37(5):99—110.